“十四五”职业教育国家规划教材

 i教育 · **融合创新一体化教材**

托幼园所保教工作入门

微课版

主　编　张　静　张艳娟

副主编　许敏霞

华东师范大学出版社

·上海·

图书在版编目（CIP）数据

托幼园所保教工作入门 / 张静，张艳娟主编. 一上海：华东师范大学出版社，2020

ISBN 978-7-5675-7141-9

Ⅰ.①托… Ⅱ.①张…②张… Ⅲ.①幼儿园—教育管理—职业教育—教材 Ⅳ.①G617

中国版本图书馆CIP数据核字（2020）第033416号

托幼园所保教工作入门

主　　编　张　静　张艳娟
责任编辑　罗　彦
责任校对　李兴福　时东明
封面图率　菲
装帧设计　庄玉侠

出版发行　华东师范大学出版社
社　　址　上海市中山北路3663号　邮编 200062
网　　址　www.ecnupress.com.cn
电　　话　021-60821666　行政传真 021-62572105
客服电话　021-62865537　门市（邮购）电话 021-62869887
地　　址　上海市中山北路3663号华东师范大学校内先锋路口
网　　店　http://hdsdcbs.tmall.com

印 刷 者　上海华顿书刊印刷有限公司
开　　本　787毫米×1092毫米　1/16
印　　张　13.5
字　　数　285千字
版　　次　2020年8月第1版
印　　次　2024年8月第12次
书　　号　ISBN 978-7-5675-7141-9
定　　价　42.00元

出 版 人　王　焰

前言
QIAN YAN

党的二十大报告提出，要在"幼有所育、学有所教"上持续用力。由此，切实加强幼儿园保教工作，全面提高保教质量，提升托幼机构工作人员对保教工作重要性的认识至关重要，这将影响幼儿一生的发展。职业院校的学前教育、幼儿保育、婴幼儿托育类等专业培养的就是面向托幼机构的技能型保教人才。然而，传统的保教类教材"重理轻技"，难以满足培养技能型人才的需求。同时，这样的教材对于刚接触保教课程的学生来说，理论性强、形式呆板、内容枯燥，很难激起他们的学习兴趣。因此，开发一本既符合托幼机构对保教人才的切实需求，又能适应学生学习特点的教材尤为重要。

本教材以二十大精神为指引，以立德树人根本任务为使命，秉持产教融合理念，顺应三教改革要求，基于任务驱动教学模式，融入《保育师国家职业技能标准》有关要求，重新序化课程内容，设计知识框架体系，将课程内容与工作实际相结合，从而整合形成几个典型工作任务，凸显职业教育特色。

"托幼园所保教工作入门"是职业院校学前教育、幼儿保育等专业的核心课程，其目标是帮助学生对托幼机构保教工作形成系统、全面的认知，增强职业认同感，为后续的专业课程学习打下基础。依据这一课程目标，我们将教材内容整合成"保教工作认知"、"保教对象认知"、"托幼机构的组织与管理"、"托幼机构相关政策与法规认知"、"托幼机构人际沟通"、"保教人才生涯发展"六个学习任务。

本教材是在学前教育类专业教学模式改革的背景下生成的系列教材之一，具有以下特点：

1. 理实一体

教材根据托幼机构实际工作需要，将学前教育学、婴幼儿心理学等理论性较强的知识模块与实践案例相结合，使学生能在直观具体的案例中体会理论知识的价值，进一步掌握专业知识和技能。

2. 生动活泼

教材形式丰富多样、生动活泼，弥补了以往专业理论教材枯燥古板的缺陷。教材中的学习活动通过问题引入、头脑风暴、案例呈现等方式，快速引起学生的阅读兴趣，同时还包含大量的来自托幼机构的图片和视频，更增加了教材的生动性。

3. 移动学习资源丰富

教材植入了信息化教学元素，配有移动学习资源，方便教师教学和学生自主学习。

本教材由上海市群益职业技术学校与中国福利会托儿所合作编写。中国福利会托儿所为本教材提供了丰富的实践内容，包括大量的图片、视频和案例。中国福利会托儿所许敏霞副所长为本教材进行了最后审稿。本教材共有六个学习任务，其中学习任务1至学习任务4由上海市群益职业技术学校张静老师编写完成，学习任务5和学习任务6由上海市群益职业技术学校张艳娟老师编写完成。教材的编写过程得到了专业部宋彩虹主任的大力支持和全力指导，在此表示感谢！

由于编者的编写经验、视野有限，故教材存在问题在所难免，恳请大家提出宝贵意见和建议！

编　者

2023年6月

在线资源
使用说明

本书配有丰富的在线资源，分为网站资源和二维码资源两类。

1. 网站资源

网站资源包括课件、电子教案、答案等，请登录我社官网的"资源下载"栏目自行下载，网址为：**have.ecnupress.com.cn**。

2. 二维码资源

二维码资源包括微课视频、在线练习等，均免费提供。您可通过 APP、微信、网页三种方式查看资源。具体操作方法如下：

APP 观看（可离线观看，推荐）

第一步 扫描二维码，下载"i 教育"APP 并注册。

下载二维码　　　　"i教育"APP

第二步 用 APP 扫描书中微课视频二维码。

微信观看

用微信扫描书中微课视频二维码即可播放。

网页观看

第一步 输入网址：iedu.ecnupress.com.cn。

第二步 在"数字资源"栏目找到"托幼园所保教工作入门"在线课程，点击您需要的微课视频即可播放。

目 录
MU LU

学习任务 **1**

保教工作认知

教育是国家发展的基石，而学前教育作为基础教育的重要组成部分，担负着为人才培养奠基的光荣责任。办好高质量的学前教育，让每一个婴幼儿在生理、认知、情感、社会性等方面健康发展，是时代和社会的需求。

近些年来，我国学前教育事业经历了突飞猛进的发展，《中共中央国务院关于学前教育深化改革规范发展的若干意见》明确提出，到2035年，全面普及学前三年教育。学前教育事业的蓬勃发展，对从事托幼机构保教工作的人员素质提出了更高的要求。

什么是托幼机构保教工作？它包括哪些内容？从事托幼机构保教工作的人员有哪些类型？各类人员需要取得什么资格证书？我们将带领大家走进托幼机构，通过观察、调研、讨论等方式，了解托幼机构的工作岗位、环境设备、一日活动安排等。希望通过这些学习活动，使同学们对托幼机构的保教工作有一些基本的认知。

任务目标

- 认识托幼机构，能概述托幼机构保教工作的内涵及其对婴幼儿成长的重要意义。
- 认识托幼机构的不同工作岗位，能概述不同工作岗位的职责和入职要求。
- 掌握托幼机构环境的含义，能描述环境对婴幼儿身心发展的影响。
- 掌握幼儿园环境的特点，能表述幼儿园环境创设的原则。
- 明晰早教机构环境的特点，能阐述早教机构环境创设的要求。
- 了解托幼机构一日活动，能阐述一日活动的合理安排对婴幼儿身心发展的重要意义。
- 掌握托幼机构一日活动的基本环节，能概括各环节的基本保教任务。
- 掌握托幼机构一日活动安排的依据，能辨析某个托幼机构一日活动安排的合理性。

建议学时

15学时。

学习活动流程

- 学习活动1：托幼机构保教岗位认知（5学时）。
- 学习活动2：托幼机构环境认知（5学时）。
- 学习活动3：托幼机构一日活动认知（5学时）。

学习活动 **1** 托幼机构保教岗位认知

学习目标

- ☑ 认识托幼机构，能陈述托幼机构的含义。
- ☑ 掌握托幼机构保教工作的具体含义，体会保教工作对婴幼儿身心发展的重大意义。
- ☑ 辨别托幼机构不同的工作岗位，能阐述不同工作岗位的基本职责。
- ☑ 概括幼儿教师、保育员、保健员、育婴员的基本素质要求，能初步确立自己的学习目标。

学习准备

- ☑ 学习材料：《幼儿园工作规程》、《幼儿园教育指导纲要（试行）》、《中国儿童发展纲要（2011—2020年）》、《上海市学前教育课程指南》、上海市《关于促进和加强本市3岁以下幼儿托育服务工作的指导意见》等资料。
- ☑ 学习设备：照相机和录音笔等调研设备、互联网资源。

学习导语

广义的学前教育是指对0—6岁年龄阶段的婴幼儿所实施的教育。凡是能够影响婴幼儿身心发展的有目的的活动都可以说是学前教育，包括家庭、学校和社会对婴幼儿开展的各类活动。狭义的学前教育则是指在专门开设的学前教育机构中接受的教育。学前教育机构又称托幼机构，是集体教养婴幼儿的社会教养机构，是在家庭教养基础上的延伸、扩展和提高，是学校教育制度的基础。

在婴幼儿的成长过程中，家庭和托幼机构共同承担着重要的作用。家庭教育具有早期性、情感性和灵活性的特点，而托幼机构则具有社会性、群体性、计划性和专业性的特点。托幼机构不仅担负着教育婴幼儿的责任，还担负着指导家长、服务社区的重任。

探索 1 ｜ 托幼机构的类型有哪些？其工作任务是什么？

托幼机构仅指幼儿园吗？如果不是，还包括哪些？请你在课余时间利用走访、调研、网上查阅等方式，完成以下问题。

（1）托幼机构指的是哪些机构？

....

....

（2）托幼机构的工作任务是什么？

....

....

学习支持 1

★ 托幼机构的类型

国外的托幼机构包括托儿所、日托中心和幼儿园，我国的托幼机构一般包括托儿所、亲子园、早教中心和幼儿园。

1. 早教机构

▲ 早教中心（大运动区）

托儿所、亲子园、早教中心等被称为早教机构，是由社会组织、企业、事业单位或个人承办，面向3岁和3岁以下婴幼儿，尤其是2—3岁婴幼儿，实施保育为主、教养融合的全日制、半日制或计时制机构。0—3岁是婴幼儿一生中最容易受环境影响的阶段，可塑性很强，是许多方面发展的关键期，此阶段的教养、教育不容忽视。我国在《中国儿童发展纲要（2011—2020年）》中对0—3岁儿童的早期教育发展提出了新的目标和措施："促进0—3岁儿童早期综合发展"；"积极开展0—3岁儿童科学育儿指导。积极发展公益性普惠性的儿童综合发展指导机构，以幼儿园和社区为依托，为0—3岁儿童及其家庭提供早期保育和教育指导。加快培养0—3岁儿童早期教育专业化人才"。从该文件中我们不难发现，0—3岁儿童的早期教育受到了国家

▲ 幼儿园

的高度重视。近些年，"托幼教育一体化"理念的提出，对我国制度化的学前教育来说具有重要的意义，说明儿童3岁之前的早期教养进入了专业化教育的范畴。

2. 幼儿园

幼儿园是针对3—6周岁的幼儿实施保育和教育的机构，是基础教育的组成部分，是学校教育制度的基础阶段。幼儿园实行保育与教育相结合的原则，对婴幼儿实施德、智、体、美、劳诸方面全面发展的教育，以促进其身心的和谐发展。世界上第一所幼儿园是19世纪40年代德国的教育家福禄贝尔建立的，我国幼儿园建立的标志是1903年张之洞创办的湖北幼稚园。进入21世纪以来，我国幼儿教育事业蓬勃发展，兴建了大批量的幼儿园，幼儿园已成为我国学前教育的主体。目前我国既有公办幼儿园，也有民办幼儿园。公办幼儿园主要是由政府、教育部门和其他事业单位创办的。我国在《中国儿童发展纲要（2011—2020年）》中指出：要加快发展3—6岁儿童学前教育；建立政府主导、社会参与、公办民办并举的办园体制，大力发展公办幼儿园；鼓励社会力量以多种形式举办幼儿园，引导和支持民办幼儿园提供普惠性服务。

★ 托幼机构的工作任务

托幼机构的保教工作包括对婴幼儿开展保育和教育两个方面。

1. 婴幼儿保育

婴幼儿保育是指成人（家长或保教人员）为0—6岁婴幼儿生存和发展提供必需的、良好的环境和条件，给予他们精心的照顾和养育，以保护和促进婴幼儿正常发育和良好发展。婴幼儿保育包括身体保育和心理保育两个方面。身体保育是对婴幼儿的身体进行保护、照顾，以使其不受伤害，能正常发育；同时也包括采取各种保健手段和措施，促进婴幼儿身体机能的发展和完善。心理保育是对婴幼儿心理的保护和培养，既包括对婴幼儿心理加以保护，使其不受伤害，也包括对婴幼儿良好心理的培养。

2. 婴幼儿教育

婴幼儿教育指的是对0—6岁婴幼儿所实施的教育，是根据婴幼儿身心发展的规律，创设丰富适宜的环境，有组织、有计划地开展各类教育活动，以促进婴幼儿身心各方面发展的教育。婴幼儿教育能给未来更高级的教育打下基础，是启蒙阶段的教育。

探索 2 托幼机构常见的工作岗位有哪些?

在托幼机构中,常见的工作人员有幼儿教师、保育员、保健员、育婴员等,不同的工作岗位,其职责也不同。作为一名合格的保教人员,除了要熟练掌握自己岗位的职责外,还要了解其他岗位的基本职责,以便互相配合开展工作。

（1）请你去附近的托幼机构走一走或查阅互联网资料,完成以下调查表。

调查表

岗　位	职　　　责	从业条件
幼儿教师		
保育员		
保健员		
育婴员		

（2）观看以下图片,分析这些人员分别负责什么岗位。

岗位:　　　　　　　　　　　　　　岗位:

岗位：...　　　　岗位：...

（3）同学们，要想成为一名合格的幼儿教师、保育员、保健员、育婴员，需要具备哪些知识和技能呢？

....

....

学习支持 2

★ 托幼机构常见的工作岗位

经过走访调查，同学们一定会发现不同的岗位，其工作职责差异也很大，所需要的从业条件、知识技能也大不相同。

1. 幼儿教师

幼儿教师作为专业的教育工作者，承担着保育和教育的双重职责，影响着婴幼儿身心的健康发展，是非常专业化的职业。因此，幼儿教师在从业前必须具备相应的教师资格证书。我国《教师法》第十条规定"国家实行教师资格制度。中国公民凡遵守宪法和法律，热爱教育事业，具有良好的思想品德，具备本法规定的学历或者经国家教师资格考试合格，有教育教学能力，经认定合格的，可以取得教师资格。"幼儿教师资格认定需要通过本人提出申请、认定机构受理、颁发证书等程序。

幼儿教师既是婴幼儿健康的保护者，又是婴幼儿发展的引导者、支持者，也是

▲ 教师在给幼儿讲故事

婴幼儿的研究者。幼儿教师的工作是科学与艺术的结合，需要爱心、责任心、细心和耐心，需要永远具有一颗童心。幼儿教师需要对本班工作全面负责，其主要职责有：保证本班幼儿的安全和健康；制定和执行教育工作计划；创设良好的教育环境，合理组织教育内容，科学安排幼儿生活，做好家园沟通工作；参加业务学习，提升教育教学水平等。

2. 保育员

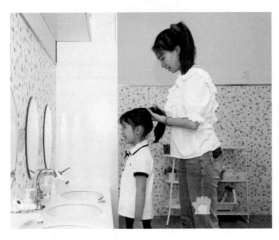

▲ 保育员在为幼儿梳头

过去由于受传统观念的影响，保育在人们心目中就是保护和护理，有时候就等同于生活护理。在托幼机构管理的过程中，也存在重视教育管理而轻视保育管理，重视教师队伍建设而轻视保育员队伍建设的现象。随着学前教育事业的快速发展及教育观念的变革，传统的保育观念受到了冲击，人们逐渐认识到保育不再是简单的生活护理，而是同教育一起影响着幼儿身心的发展，因此保育工作也正朝着规范化和科学化的方向发展。

随着人们对保育工作内涵认识的提升，对保育员的要求也逐渐提高。保育员必须顺应发展趋势，既能对婴幼儿的生活进行科学护理，又能关注婴幼儿的教育及其发展。《幼儿园工作规程》对保育员的工作职责也有着明确规定：负责本班房舍、设备、环境的清洁卫生和消毒工作；在教师指导下，科学照料和管理幼儿生活，并配合本班教师组织教育活动；在卫生保健人员和本班教师指导下，严格执行幼儿园安全、卫生保健制度；妥善保管幼儿衣物和本班的设备、用具。

从事保育员工作，需要获得保育员专业相关职业资格证书。

3. 保健员

托幼机构里还有一个岗位不容忽视，那就是保健员。保健员负责整个托幼机构的安全和卫生工作，是婴幼儿健康的守护神。保健员应当具有高中以上学历，经过卫生保健专业知识培训，具有托幼机构卫生保健基础知识，掌握卫生消毒、传染病管理和营养膳食管理等技能。

保健员的主要职责有：协助园长贯彻落实有关卫生保健方面的方针、政策、法律、法规和上级主管部门的规定，做好营养管理、体检、疾病预防、消毒、体弱儿管理、宣教、文档整理、医疗器械管理等工作。

保健员应具有婴幼儿保教知识、卫生保健知识、营养学知识，并通过当地保健工作岗前培训，取得合格证书后才能够上岗。

4. 育婴员

随着人们生活节奏的加快和生活水平的提高，育婴员作为一个新兴的职业迅速发展。育婴员是通过对0—3岁婴幼儿的照料、护理和教育来辅助家庭完成科学育儿的工作人员，它既不同于家庭保姆，又不同于托幼机构中的保育员，而是在家庭、社区和托育机构中为0—3岁婴幼儿提供全方位服务和指导的专业人员。

育婴员需要同时具备婴幼儿保健和教育的知识。从事育婴员工作，需要获得育婴员相关职业资格证书。

探索 3　如何开展托幼机构的保教工作？

（1）托幼机构的重要工作就是对婴幼儿开展保育和教育，那么保育和教育是分开进行的，还是在同一过程中完成的呢？

_____

_____

（2）有的同学认为，保育员就应该只负责婴幼儿的保育工作，可以不过问教育问题。相反，教师只要负责好婴幼儿的教育工作就行了，保育工作也可以不用过问。你觉得这个想法对吗？为什么？

_____

_____

学习支持 3

★ 保教结合的含义和意义

托幼机构开展工作的重要原则就是保育和教育相结合的原则，这也是托幼机构必须遵循的一个指导思想。保教结合是指保育和教育不可分割，过分强调一方都不可取，也不利于婴幼儿身心和谐发展。保育和教育既有区别又有联系，它们之间相互结合、相互渗透，构成一个统一体，是在同一过程中实现的。

保教结合是由婴幼儿身心发展特点决定的。由于婴幼儿的生理发育还未成熟，心理机能也相对较弱，对自然环境和社会环境的适应能力都很差，如：对疾病的抵抗力较弱，容易生病，生活上需要成人的呵护和照顾；在心理发展上更需要成人的帮助、指导和爱护等。因此，如果托幼机构只强调保育而忽视教育，那么托幼机构就失去了它作为学校的意义；如果只强调教育而忽视保育，那么婴幼儿的身心健康就无法保证。总之，只有在满足婴幼儿基本生理需要的基础上，开展全面发展的教育才能促进婴幼儿身心的全面发展。

★ 保教结合的实现方法

保教结合需要教师和保育员通力合作，形成一个平等、融洽的团体，共同制定班级工作计划，共同开展各项活动，实现"教中有保，保中有教"的教育目标。教师要时刻拥有保育意识，并把保育内容融合贯穿在教育活动的各个环节；保育员则应积极配合教师，在一日活动的各个环节做好保育工作的同时实现教育目标。

托幼机构的管理人员在制定各项规章制度时，也要时刻谨记保教结合的原则，要制定出一日生活各项活动和各个环节的保育与教育的工作细则，使保教结合的原则具体化、可操作化。

知识链接

托幼机构保教人员对自己岗位职责的认识

一位幼儿教师的总结

作为一名幼儿教师，我的工作职责包括以下几方面的内容。

● 确保本班婴幼儿的安全和健康。关注本班每一位婴幼儿在各个活动环节中的身心健康状况，保证人身安全、情绪情感状态良好。

● 制定和执行教育工作计划。根据幼儿园一日生活与学习作息安排，与班内保育员有效合作，有序组织各类丰富多样的教育活动。顺应本班婴幼儿的个别化发展需求，注重观察、分析与记录本班婴幼儿的发展情况。在此基础上，科学制定后续教育计划，力求通过不同的活动形式促进本班婴幼儿德、智、体、美、劳的全面发展。

● 做好家园共育工作。根据本园的教育理念、活动开展等情况，与家长进行积极的沟通与宣传；针对家长的育儿困惑，积极为家长进行科学的专业答疑，共同配合完成婴幼儿的个别化教育措施；日常及时与家长沟通相关信息，定期组织向家长开放的教育活动，做到幼儿园、家长、教师信息沟通的一致性。

● 积极参加教研活动和业务学习活动，不断改进教学形式、方法，提高专业素养和能力。

在我们育婴员的心里一直会装着两个问题：如果我是宝宝，我会怎么做？如果这是我自己的宝宝，我会怎么做？时刻把宝宝放在心里就是我们最大的职责！我们服务于0—3岁的婴幼儿，辅助家庭照料好宝宝的生活，力求让宝宝开心、开口、开窍，健康愉快地发展。

一位育婴员的总结

● 在生活护理中，我们的职责主要是为宝宝选择合适的食材，并正确喂养；培养宝宝良好的睡眠、大小便、三浴等习惯。

● 在健康护理中，我们的职责主要是协助家长做好婴幼儿的预防保健工作，如接种疫苗，以预防常见的传染病；监测宝宝的生长指标，做好疾病防护。

● 在运动护理中，我们的职责主要是循序渐进地帮助宝宝做健康运动，根据宝宝的年龄阶段和发育情况开展主动操、被动操的练习，包括大动作、精细动作的训练。

● 在教养护理中，我们的主要职责是设计适合宝宝全面发展的成长方案，帮助宝宝开发智力，培养其良好的社会交往能力和情绪情感；指导家长掌握正确的育婴方法，传播正确的育婴理念。

一位保健员的总结

幼儿园里的保健工作主要有预防幼儿疾病，帮助幼儿养成良好习惯，促进幼儿身心健康发展等。我的工作职责具体包括以下几点。

● 在上级医疗、卫生、儿童保健业务部门的指导下，担负起本园的幼儿保健、安全、卫生等工作。

● 在园（所）长的领导下，组织开展相关卫生保健工作，并制定卫生保健工作计划，制定各类突发事件及突发传染病应急预案。

● 保障幼儿健康是我工作的重中之重。严格执行幼儿入园体检和定期健康检查制度，能根据幼儿健康状况的数据分析结果，对不同体弱儿进行管理；落实预防接种和传染病防控管理工作；每天认真做好晨检、午检和全日观察记录，每天上报幼儿因病缺课请假情况等。

● 指导保育员做好班级卫生消毒和安全工作，发挥检查、督促、指导等作用。

● 制定幼儿的科学营养膳食，负责食品验收、经费核算；指导营养员进行膳食烹饪，并能根据营养分析结果做适当调整，保障营养符合幼儿成长所需。

● 做好健康宣教，组织教职工学习相关保健知识，向家长宣传科学的健康育儿方法，开展幼儿健康、卫生和安全教育。

● 建立健全的记录和资料档案。准确地将各类保健资料进行记录整理和统计分析，做到保健工作的常态化、制度化、精细化、及时化、科学化。

作为一名保育员，工作细致有序是非常重要的，我的工作职责有以下几个方面。

● 负责本班房舍、设备、环境的清洁卫生和消毒工作，熟记传染病隔离工作要点，根据不同时期的要求，制定并执行相应的消毒方案，确保幼儿一日活动环境是安全的。

一位保育员的总结

● 配合教师做好一日活动，照料和管理幼儿生活，时刻关注每一位幼儿的状态，并协助本班教师组织教育活动；对于有个体差异的幼儿，及时引导并提供帮助。

● 在卫生保健人员和本班教师的指导下，严格执行幼儿园安全、卫生保健制度；妥善保管幼儿衣物和本班的设备用具。面对突发事件（如：幼儿鼻出血、跌损伤等），关注异常幼儿的生理、心理状态，进行正确的处理，及时安抚幼儿情绪。

● 每日严格填写交班本与表格，应将异常幼儿的情况记录在案，并与班级教师沟通，与家长做好家园互动工作。

● 积极参加相关职业培训、阅读书籍，以习得新的养育知识，并能灵活运用新的养育方法，不断提高专业素养与能力。

---------------------------- ◎ 过关练习 ◎ ----------------------------

在线练习

I. 单选题

（1）世界上第一所幼儿园是19世纪40年代德国的教育家（　　　）建立的，因此其被称作"幼儿教育之父"。

A. 福禄贝尔　　　　　B. 蒙台梭利　　　　　C. 卢梭　　　　　D. 赫尔巴特

（2）我国幼儿园建立的标志是1903年（　　　）创办的湖北幼稚园。

A. 陈鹤琴　　　　　B. 张之洞　　　　　C. 张雪门　　　　　D. 陶行知

（3）婴幼儿教育指的是对（　　　）婴幼儿所实施的教育。

A. 0—3岁　　　　　B. 3—6岁　　　　　C. 6岁以上　　　　　D. 0—6岁

（4）婴幼儿保育包括（　　　）两个方面。

A. 大脑保育和肢体保育　　　　　　　B. 精神保育和心理保育

C. 身体保育和心理保育　　　　　　　D. 身体保育和情感保育

（5）（　　　）需要对本班工作全面负责，其主要职责包括：保证本班幼儿的安全和健康；制定和执行教育工作计划；创设良好的教育环境，合理组织教育内容，科学安排幼儿生活，做好家园沟通工作；参加业务学习，提升教育教学水平。

A. 幼儿教师　　　　B. 保育员　　　　C. 保健员　　　　D. 育婴员

（6）（　　　）负责本班房舍、设备、环境的清洁卫生和消毒工作；在教师指导下，科学照料和管理幼儿生活，并配合本班教师组织教育活动；在卫生保健人员和本班教师指导下，严格执行幼儿园安全、卫生保健制度；妥善保管幼儿衣物和本班的设备、用具。

A. 幼儿教师　　　　　　　　　　　B. 保育员

C. 保健员　　　　　　　　　　　　D. 营养师

（7）（　　　）的主要职责是协助园长贯彻落实有关卫生保健方面的方针、政策、法律、法规和上级主管部门的规定，做好营养管理、体检、疾病预防、消毒、体弱儿管理、宣教、文档整理、医疗器械管理等工作。

A. 幼儿教师　　　　　　　　　　　B. 保育员

C. 保健员　　　　　　　　　　　　D. 营养师

（8）《幼儿园管理条例》第13条明确提出，"幼儿园应当贯彻（　　　）的原则，创设与幼儿的教育和发展相适应的和谐环境"。

A. 保育与教育相结合　　　　　　　B. 保育与教育互不干涉

C. 教育比保育重要　　　　　　　　D. 保育比教育重要

2. 案例分析题

（1）毕业后，你准备应聘一家幼儿园的教师岗位。此刻，你就在面试现场，你的对面坐着幼儿园的张园长。

张园长：××，你好！很高兴你来应聘我园的教师，你能说一说你对幼儿教师这个岗位的认识吗？比如教师的主要工作职责有哪些，应具备哪些基本素质。

（2）同学们，在托幼园所的各个岗位中，你将来想从事哪一个岗位呢？如果想顺利应聘成功，从现在开始，你需要从哪些方面努力？

托幼机构环境认知

○ 学习目标 ○

- ☑ 理解托幼机构环境的含义，能阐述托幼机构环境对婴幼儿发展的意义。
- ☑ 掌握幼儿园环境的特点，能表述幼儿园环境创设的原则。
- ☑ 明晰早教机构环境的特点，能阐述早教机构环境创设的要求。
- ☑ 体会托幼机构环境对于婴幼儿成长的重要意义。

○ 学习准备 ○

- ☑ 学习材料：《幼儿园教育指导纲要（试行）》《上海市学前教育纲要》等资料；走访调研表（自制，格式不定）。
- ☑ 学习设备：照相机和录音笔等调研设备、互联网资源。

○ 学习导语 ○

　　每个人都生活在一定的自然和社会环境中，个体和环境是相互促进、相互制约的关系。对婴幼儿来说，环境指的是他们生活中的各种情况和条件，包括自然环境和社会环境。托幼机构的环境是专门为婴幼儿创设的，对婴幼儿的身心发展起着重要的作用，是一个不可忽视的教育因素。托幼机构的环境创设有什么规定和要求吗？幼儿园和早教机构的环境创设有区别吗？

探索 1 ｜ 托幼机构的环境有什么特点？

我们发现，托幼机构的设施设备和环境布置与中小学的很不一样，请你在课余时间，利用走访、调研、网上查阅等方式，完成以下问题。

（1）托幼机构的房舍包括哪些？各房舍有什么功能？

....

....

（2）托幼机构的主要设施有哪些？托幼机构的地面、桌椅和柜子有什么特点？

....

....

（3）托幼机构的墙壁有什么特点？内外墙布置的内容有哪些？起什么作用？

....

....

（4）托幼机构环境的色彩有什么特点？为什么选择这样的色彩？

....

....

（5）托幼机构的环境中除了我们眼睛能看到的物体外，还有其他的吗？请举例说明。

....

....

（6）托幼机构的环境对婴幼儿的发展有什么作用？

....

....

学习支持 1

★ 托幼机构环境的含义

环境包括自然环境和社会环境。对婴幼儿来说，环境指的是生活中对他们产生影响的一切物质因素和非物质因素的总和。

　　托幼机构环境指的是在托幼机构中，对婴幼儿身心发展产生影响的物质与精神要素的总和，是由托幼机构工作人员、婴幼儿、各种物资器材、设备、人际关系等组成的一种教育的空间、范围和场所。物质要素是指对婴幼儿产生影响的一切天然环境和人工环境中的物的要素总和，如园舍建筑、自然绿化、设备材料、幼儿园空间设计与利用、各种游戏材料和教具等。精神要素是指对婴幼儿产生影响的非物质要素总和，如托幼机构中的工作人员、人际关系、工作人员的观念和行为、文化氛围等。

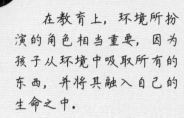

> 在教育上，环境所扮演的角色相当重要，因为孩子从环境中吸取所有的东西，并将其融入自己的生命之中。
>
> ——蒙台梭利

★ 托幼机构环境的功能

　　建构主义认为，认知结构起源于婴幼儿和环境的相互作用，是婴幼儿在主动地作用于外部世界的过程中发展起来的。婴幼儿的发展必须依靠自身与环境的交往而取得经验。因此，环境是重要的教育资源，保教人员应该通过环境的创设和利用来有效地促进婴幼儿的全面发展。

　　托幼机构环境是一种特别的环境，它给予婴幼儿的是有目的、有系统的影响。托幼机构的建筑肩负着教育的使命，在造型上富有艺术美，为婴幼儿提供想象的空间；托幼机构一般远离噪音，自然环境优美，能够使婴幼儿感受到和谐、安宁的氛围；富有童趣的设施设备能激发婴幼儿游戏的兴趣，以及探索和发现的欲望；稳定的生活作息制度能使婴幼儿养成良好的生活习惯；和谐的人际关系能使婴幼儿放松身心，体验人际交往的快乐，初步发展社会交往技能。

★ 托幼机构环境创设的基本要求

　　托幼机构一般独门独院，房屋建设要符合保教要求，牌匾活泼醒目。室内外文化氛围浓厚，富有儿童气息。室外需有五种以上的大型玩具（放置大型玩具的地面应为软质地面），还要为婴幼儿开辟沙坑、水池和动植物角。托幼机构的各类辅助用房包括：活动室、卧室、盥洗室、游戏活动室、消毒室、卫生保健室、隔离室、办公室、资料室、厨房、库房等。活动室的装饰与布置应考虑婴幼儿的年龄特点，为婴幼儿身心发展服务。每班应有适合婴幼儿身高的桌椅，可以按照活动内容整体摆放成椭圆

▲ 室外的大型玩具

形、正方形或者长方形等造型，禁止像小学那样成排摆放；每班配有钢琴（电子琴）、电视机、水杯柜、保温桶、毛巾架等；每班有供婴幼儿开展各类游戏活动的玩具，人均5套以上。托幼机构要有效利用墙面与地面，墙面布置内容需要贴近婴幼儿生活，以便唤起婴幼儿的经验；色彩应鲜艳，能吸引婴幼儿注意。

知识链接

托幼机构环境的文化传承价值

《幼儿园教育指导纲要（试行）》指出："幼儿园应为幼儿提供健康、丰富的生活和活动环境，满足他们多方面发展的需要"，"环境是重要的教育资源，应通过环境的创设和利用，有效地促进幼儿的发展"。在托幼机构里，环境作为一种"隐性课程"，在开发婴幼儿智力，促进婴幼儿个性、社会性发展方面起着重要作用，同时它的文化传承价值也不容忽视。传统文化在环境中以多种方式呈现，能够使婴幼儿耳濡目染，得到熏陶和浸润。

中华优秀传统文化博大精深、源远流长，内容丰富且形式广泛，将其中的教育元素融入托幼机构环境意义重大。其一，中华传统文化中历经千年的文明瑰宝有助于引导婴幼儿树立高尚的道德观念，初步建立正确的审美和价值取向。其二，托幼机构营造和谐文明、文化气息浓厚的环境，有助于婴幼儿形成对中华传统文化的认同感和归属感。

因此，托幼机构保教人员要善于将环境创设与传统文化精髓相融合，在环境中体现传统文化元素，发挥环境和文化结合的教育优势，使婴幼儿在传统文化浓郁的环境中学习和体验，培养他们发现美、表达美、创造美的能力。

探索 2 幼儿园环境创设有什么要求？

走进幼儿园，让人感觉好像来到了童话世界。可爱的造型、明亮的色彩、温馨的氛围，这些有没有让你流连忘返，好像又回到了童年？丰富多彩的环境创设浓缩了幼儿教师的智慧。你知道幼儿园环境布置有什么要求吗？如果你是带班教师，你会从哪些方面考虑环境布置？请写出你的观点。

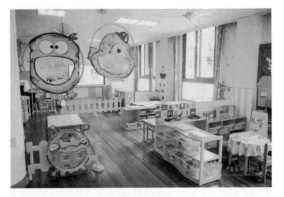

▲ 幼儿园的环境色彩明亮

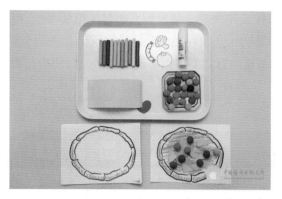

▲ 幼儿园的环境好玩有趣

学习支持 2

★ 幼儿园环境创设的原则

▲ 幼儿园的环境充满生活元素，能让幼儿在与环境互动的过程中提升生活经验

▲ 幼儿园的家具是圆角的，能很好地保护幼儿

幼儿园环境创设主要是指教育者根据幼儿园教育的要求和幼儿身心发展的规律，充分挖掘和利用幼儿生活环境中的教育因素，并创设幼儿与环境积极作用的活动场景，把环境因素转化为教育因素，以促进幼儿身心主动发展的过程。

幼儿园环境创设时应遵循一定的原则，这些原则是根据幼儿教育的规律、幼儿园教育的任务和幼儿身心发展的特点提出来的。在环境创设的过程中，只有认真贯彻这些原则，才能更好地发挥环境的教育价值。

1. 安全性原则

幼儿园的教育对象是柔弱的幼儿，他们缺乏自我保护能力，所以在进行环境创设时首先要考虑安全性。安全的幼儿园环境是促进幼儿发展的首要条件，只有在安全的环境里，幼儿的生命健康才能获得保障，才有可能自由、快乐地发展。安全的环境首先是房屋设备等要坚固安全，对幼儿不易造成伤害，如房屋建筑坚固，家具边沿为圆角，电源插座安全，大型运动器

材坚固并设在柔软的场地上等。保教人员
还要对设施设备进行定期检查，及时修补。
其次是幼儿使用的家具、玩具材料要无毒
无异味，尺寸大小合适，确保不会被幼儿
塞进鼻孔、耳朵或者造成其他伤害。最后，
幼儿园提供的玩具材料要定期清洁、消毒，
保证卫生。

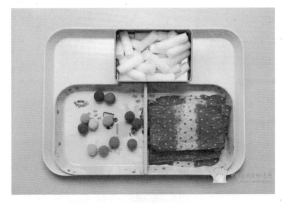

▲ 小班幼儿喜欢玩简单重复的游戏

2. 适宜性原则

幼儿园的所有物质条件都要从保障与
促进幼儿身心的健康发展出发，要与幼儿
发展水平、年龄特点、兴趣爱好、个性特
征等相互匹配，要能满足幼儿全面发展的需要。环境创设的内容和材料要从各年龄幼儿的
发展特点出发，并尊重同龄幼儿间的个体差异。例如：小班幼儿喜欢简单、富有童趣的游
戏，他们喜欢重复玩且喜欢平行游戏，教师为他们提供的玩具应该品种少些，同一品种的
数量多一点；中班幼儿喜欢富有变化的游戏，象征性游戏水平较高，教师提供的玩具材料
要种类丰富些，低结构的材料多一些；大班幼儿注重各方面知识与技能的综合运用，教师
提供的游戏材料应能体现探索性。幼儿在兴趣、能力和发展水平上存在个体差异性，环境
创设和材料提供要能满足不同幼儿的需要。

▲ 中班幼儿在玩表演性游戏，游戏水平显著提高

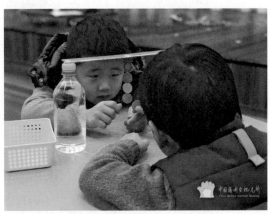

▲ 大班幼儿在玩探索性游戏

幼儿的身心特点会随着其年龄的增长而发展，环境创设还要及时调整和修正，以满足
幼儿不同时期的需求。

3. 一致性原则

幼儿园的环境创设并不能只追求美观，或者盲目地追求丰富性，而是要考虑环境的教
育价值，因为环境是幼儿园课程的重要组成部分，环境创设的目标应与教育目标相一致。
教师在创设环境时，应以教育目标为指导，为教育目标服务。当一个阶段的教育目标达成

▲ 将防疫知识作为环境创设的一部分，以提高幼儿的自我保护意识

后，环境创设也要随之改变，并为新的教育目标服务。

4. 自主性原则

幼儿是环境的主人，是幼儿园环境创设的出发点和服务的对象。自主性原则强调幼儿在环境创设与使用中的自主性、能动性和创造性。传统幼儿教育提倡环境创设完全由教师完成，幼儿只要使用这些环境和材料即可。现在更提倡幼儿和教师一起创设环境，在这一过程中发挥他们的主动性和能动性。只有真正参与了环境的创设，幼儿才能成为环境的主人。自主性原则还体现在幼儿与环境互动中的自主选择性，保教人员不可以强制性地规定幼儿可以或者不可以参与某种环境互动。

▲ 幼儿自由选择游戏材料，体现了自主性

▲ 幼儿参与环境布置，体现出幼儿是环境的主人

5. 丰富性原则

环境应该为幼儿提供充足的、多样的、可获取丰富的知识信息和情感体验的机会，以及发展各种活动技能的条件。环境创设的丰富性原则指的是幼儿园为幼儿提供的材料应是种类多、数量充足、结构多样，并富有层次性的。幼儿园整体的环境设计应合理利用空间，创设多样的活动区域。

6. 动态性原则

一成不变的环境易使幼儿失去兴趣，

▲ 幼儿园区角游戏类型多样、材料丰富，能满足幼儿多种游戏需求

幼儿也很难与环境产生互动，环境的教育价值也就无法实现。动态性原则是指幼儿园环境创设不应是一成不变的，而应根据教育内容的变化和幼儿发展的需要随时进行调整。如当幼儿对娃娃家的烧饭游戏特别感兴趣时，教师可以增加餐厅的游戏，以满足幼儿的需求。

▲ 幼儿喜欢在娃娃家烧饭

▲ 教师为满足幼儿喜欢烧饭的游戏需求，创设了小餐厅的游戏环境

7. 开放性原则

幼儿园环境创设应该在空间、内容和参与者等方面体现出开放的理念，形成开放的环境系统，让幼儿在开放的"生活世界"中自由发展。幼儿园在环境创设的过程中不仅要考虑园内的环境要求，还要考虑到社区和家庭等环境因素，园内外有机结合，形成教育的合力。例如：可以请家长走进课堂，有效利用家长的优势资源；带领幼儿走进社区，了解社区的环境和设施设备等。

8. 环保性原则

幼儿园环境创设要充分利用废旧材料，如使用过的纸盒子、易拉罐、饮料瓶、布料等，实现废旧物品的再利用，这样既经济又环保。在为幼儿提供这些物质材料时，应充分考虑它们对促进幼儿全面发展的价值和适宜性。

▲ 用废旧纸盒子制作的游戏材料，实用又环保

案例呈现

幼儿园区角游戏环境创设案例——小汽车，跑得快

▲ 幼儿在停车

▲ 幼儿在"马路"上开车

设计意图：

小汽车是每个男孩子的心头爱，幼儿园的孩子更是如此。因此现成的条纹地毯加上一些小汽车玩具，就能让小班的孩子投入地玩很久。教师只需要在其中加入一些简单的路线或场景（如红绿灯、横道线等），就能引发孩子的多种生活经验和游戏愿望，促进孩子的手眼协调、颜色辨认、一一对应等能力的发展，同时停车场的设置也能让孩子养成游戏后收纳整理的好习惯。

材料及制作方法：

（1）彩色条纹地毯一块（或在单色地毯上用美纹带贴出马路）。

（2）纸盒停车场——将纸盒切割成45°立面，用美纹带贴出大小不同的停车位。

（3）小汽车——收集各种造型、大小、颜色的小汽车。

预设玩法：

（1）说说我的小汽车——引导小班孩子用语言表达，说说自己喜欢的小汽车的颜色、大小等。

（2）小汽车开走了——选一辆自己喜欢的汽车，沿着白色马路（地毯上的条纹）或用美纹带贴出的马路行驶。指导语可以是：你的小汽车开到哪里去了呀？

（3）停车场——为每辆小汽车选择合适的停车位停车（大小匹配、一一对应）。

观察要点：

（1）孩子在游戏中对汽车的认知情况（颜色、大小、汽车品牌等）。

（2）孩子在开小车时，是否伴随语言。

（3）在游戏过程中，孩子对汽车和地毯还产生了哪些兴趣？

▲ 成人与幼儿互动（1）

▲ 成人与幼儿互动（2）

指导建议：

（1）这是一个可以在小班初期就提供给孩子的游戏，教师可在观察的基础上适当地增加或减少材料。（可以根据孩子的生活经验增加超市、医院、消防局等场景）

（2）该游戏建议放置在教室的建构区域，孩子可以根据需要与随手可得的各种建构材料进行互动（如大块泡沫积木、低结构的纸盒、罐子等）。

▲ 幼儿将小汽车连接起来

▲ 幼儿将小汽车排队

探索 3 早教机构环境创设有什么要求？

当今社会，0—3岁婴幼儿的早期教养已经引起了家庭、社会的日益重视。0—3岁婴幼儿的早期教养主要由早教中心、托儿所、亲子园、幼儿园（托班）等机构承担，这些机构在服务对象、办学目标、硬件设施和环境创设上和幼儿园有什么不同呢？请你利用周末或者假期走访、调查早教机构，或者利用网络资源完成以下任务。

早教机构与幼儿园的环境对比

内容 \ 名称	早教机构	幼儿园
服务对象		
办学目标		
硬件设施		
环境创设		

学习支持 3

越来越多的0—3岁婴幼儿进入早教机构接受早期教育，这里能为他们提供专业的教养服务，也能为他们的家长提供科学的育儿指导。

★ 环境对0—3岁婴幼儿的重要性

0—3岁婴幼儿的成长与环境的关系引起了早教机构和家庭的高度重视。0—3岁是人生发展的初始阶段，这个时期是婴幼儿口头语言、动作、感知觉、情感等方面发展的关键期，可塑性很强。此阶段的婴幼儿最容易受外界的影响，因此外界环境的刺激就显得尤为重要。国内外许多科学研究证明，0—3岁的婴幼儿不仅能够适应环境的要求，而且还可以向外界环境提出自己的要求，遇到问题时能主动去探索解决问题的方法。0—3岁婴幼儿所接触的环境和条件，直接影响他们的身心发展水平。

★ 早教机构环境创设的原则

对0—3岁婴幼儿实施早期教养，教师需要密切关注其身心发展的阶段特征，以婴幼儿发展的需求来创设各种环境。不同阶段的婴幼儿对环境有不同的需求：出生至6个月左右的婴幼儿喜欢抓摸玩具，双腿喜欢踢蹬，眼睛喜欢盯着物体看，此时应多提供抓握玩具和色彩鲜艳的视觉玩具；1岁左右的婴幼儿喜欢用手指抓取玩具，喜欢爬行，开始探索周围的事物，此时应创设能满足其爬行和探索欲望的环境；1岁至3岁左右的婴幼儿开始喜欢做大肌肉运动，喜欢模仿，爱提问，此时应提供运动和模仿的机会，耐心回答他们的问题。

▲ 提供抓握玩具

因此，家长和保教工作者应根据婴幼儿的身心特征和发展变化，创设良好的生活环境、心理环境和游戏环境，使婴幼儿顺利度过人生的第一个转变期。

知识链接

孩子发展的"时间表"

　　美国心理学家格塞尔曾经做过一个著名的实验：让一对同卵双胞胎练习爬楼梯。其中一个为实验对象（代号为T），在他出生后的第46周开始练习，每天练习10分钟。另外一个（代号为C）在他出生后的第53周开始接受同样的训练。两个孩子都练习到他们满54周的时候，T练了8周，C只练了2周。这两个小孩哪个爬楼梯的水平高一些呢？大多数人肯定认为应该是练了8周的T比只练了2周的C好。但是，实验结果出人意料——只练了两周的C的爬楼梯水平比练了8周的T好，C在10秒钟内爬上了特制的五级楼梯的最高层，T则需要20秒钟才能完成。

　　其实46周就开始练习爬楼梯为时尚早，孩子没有做好准备，所以训练只能取得事倍功半的效果；53周开始爬楼梯就非常恰当，孩子做好了成熟的准备，所以训练就能达到事半功倍的效果。

　　这个实验给我们的启示是：教育要尊重孩子的实际水平，在孩子尚未成熟之前，要耐心地等待，不要违背孩子发展的自然规律，不要违背孩子发展的内在"时间表"，即人为地通过训练加速孩子的发展。

早教机构作为专业的教养机构，在环境创设上应区别于家庭，主要应遵循以下原则。

1. 尊重婴幼儿的选择，顺应其天性并积极回应

　　例如：在进餐的时候，婴幼儿想自己用勺子吃饭，保教人员不要因担心他们会把衣服弄脏或吃得慢而拒绝他们，可以给他们穿上围兜，耐心地等待他们自己吃完，并教他们一些吃饭的方法。又如，此阶段的婴幼儿很喜欢涂鸦，保教人员可以为他们创设涂鸦的环境，提供适合涂鸦的地方和材料，尽量满足他们的欲望。

2. 关注婴幼儿的全面发展和个体差异，提供多种材料刺激其各种感官，引发婴幼儿参与活动

保教人员可以为婴幼儿创设丰富的生活和游戏环境，材料提供时要关注多样化和层次性，使婴幼儿在与环境的互动中发展视觉、听觉、嗅觉、味觉和触觉等感知觉。通过认识日常生活中的人和物，培养注意力、观察力、记忆力、想象力以及初步的思维能力。

早教机构的设施设备应顺应婴幼儿发展，注重因人而异，开发潜能，注意细节的加工。婴幼儿在3岁前的发展差异明显，相差几个月的婴幼儿在身心发展上就会表现出很大的不同，因此活动材料的投放要关注到不同月龄的需要。如在设计"给娃娃穿衣"的操作用具时，教师就用了"雌雄扣"、"扣钉"、"纽扣"三种不同的材料，不同年龄段的婴幼儿可以依据自身的能力选择游戏材料。

▲ 婴幼儿自己用勺吃饭，开心又满足

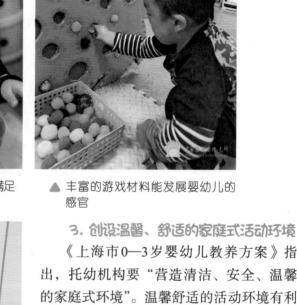

▲ 丰富的游戏材料能发展婴幼儿的感官

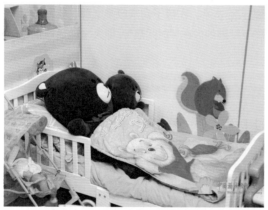

▲ 温馨的家庭式环境能让婴幼儿获得安全感，从而积极地参与到游戏中

3. 创设温馨、舒适的家庭式活动环境

《上海市0—3岁婴幼儿教养方案》指出，托幼机构要"营造清洁、安全、温馨的家庭式环境"。温馨舒适的活动环境有利于婴幼儿消除紧张感，从而更快地参与到活动中来。活动室环境多采用暖色调，主要设施设备低矮、无边角，方便婴幼儿使用。活动室提供的材料要逼真形象，如在"娃娃家"里，婴幼儿在接近真实的环境中反复地摆弄、操作材料，可从中获得各种感官活动的经验及相应的生活技能。

4. 创设互动的墙面环境

墙面不仅仅是用来装饰的，保教人员要提供一些能吸引婴幼儿，且能让婴幼儿与之互动的材料，从而使他们获取感官上的体验或生活经验，这样的墙面符合现代教育的理念。

▲ 互动性的墙面更能引起婴幼儿的兴趣

在墙面上布置一些触摸类或插放类的物品，如：在走廊的墙面上布置一些具有不同质感的物品，让婴幼儿在进出教室时随意触摸，从中体验软、硬、光滑、粗糙等不同的手感；还可以将墙面安装成音乐墙，让婴幼儿在随意的敲击中感受音乐的美。

案例呈现

早教中心环境创设案例——迷宫里的感官路面

▲ 迷宫里的感官路面

设计思路：

宝宝们玩了一段时间活动室的小迷宫就不大有兴趣了。老师将地面做了一下改变，制作出了一条不同寻常的感官路。同样是走路，感官路给宝宝带来了不同的体验，他们能从中感受不同材料带来的触觉，尤其是为脚底的感知觉带来了刺激，从而引起他们再次重新探索迷宫的兴趣。

感官路面铺设的材料来自生活，是宝宝所熟悉的。宝宝在路面走动的时候能获得软硬、高低、光滑、粗糙等不同的感觉体验，观察到不同的色彩。这些对处在感知觉发展关键期的宝宝来说，既发展了运动能力，又积累了更多的感知觉经验。

此外，感官路面的材料中有洗衣搓板、沐浴球、海绵、彩色袜子、毛线织物、大而颜色鲜艳的纽扣等，取材方便，制作简单，也便于家长在家庭中模仿和制作，使早教活动在家庭中得以延续。

准备材料：

（1）板刷、沐浴球、洗衣搓板、雌雄搭扣、海绵、毛线织物、彩色袜子、绒毛毯、气泡膜、鹅卵石、彩色纽扣等生活材料若干；一些硬纸板。

（2）将纸板按照迷宫路面宽度和长度进行裁剪，将板刷、沐浴球、彩色纽扣等材料固定在硬纸板上，然后将硬纸板固定在迷宫路面上。

预设玩法：

（1）在不同的路面上走动，感受高低、软硬、光滑、粗糙等知觉。

（2）用手去触摸这些材料，感受材料给手和脚底带来的不同感觉。

（3）用简单的语言表达自己的感受，边走边说"毛茸茸的"、"硬硬的"、"冷冰冰的"等词语。

指导建议：

（1）让宝宝光着脚走，体验不同的感觉。

（2）观察宝宝在活动中的行为表现和语言表达，引导他们对不同材质的路面进行体验。

案例分享：

1.帆宝宝，24个月，男

帆宝宝拉着小狗玩具来到迷宫，被不同的路面吸引了。在海绵区域，他使劲地踩动，"软软的，软软的"，走到木板上，"硬硬的，硬硬的"，然后他重复地走上走下，嘴里又重复着刚才说的几个单词。在老师的提醒下，妈妈把宝宝的袜子脱掉，让他光着脚在感官路面上走动，从而更加直接地感受不同材质的路面所带来的体验。走到板刷区域，帆宝宝先是将一只脚踩在上面，顿了顿小身板，张开小嘴巴，口水也滴了下来，表情有一丝"僵硬"，然后他的另一只脚几乎没有踩上去就跨越到其他板面上了，摇摇晃晃的小身体险些摔倒，思索了一会儿，然后又回过来想再尝试一下，但和刚刚一样，一只脚刚踩上了一下就缩了回去，似乎板刷给他的感觉并不舒服。

2.橙宝宝，23个月，女

橙宝宝在每一个区域都很开心地用脚轻轻试了一试，用力气踩了又踩，到了板刷的路面，光着脚的她先试了试第一只脚，笑眯眯且略带好奇，然后又把另一只脚踩了上去，她"咯咯咯"地笑着，仿佛是沙滩上的沙子在抚摸着小脚丫。她站立在上面，动了动小脚丫，脚指头抠了抠板刷上的毛，然后轻轻踮着脚慢慢下来，接着又踩上去了，若有所思地看着板刷，站了一会儿，仿佛在感受板刷给她带来的不一样的感官体验。

3.康康宝宝，18个月，男

康康宝宝走到气泡膜材质的路面，小脚踩上去听到"噼啪"的声音，他被脚下的材料给吸引了，蹲下身体，用小手按了按塑料小泡泡，然后继续往前走去。他仿佛发现了新大陆般，立马弯下了腰，用小手摸了摸"窸窸窣窣"的塑料泡泡，蹲下身子，再用小手指轻轻地戳了戳泡泡，然后用大一些的力气按了一按，眉毛上扬，睁大眼睛，小脸上满是好奇，继续往前愉快地探索着。

▲ 气泡膜

▲ 雌雄搭扣的绒面部分

▲ 板刷

▲ 沐浴球

知识链接

事半功倍的早期教育

  婴幼儿时期是孩子神经系统发育最快、各种潜能开发最为关键的时期。脑科学研究表明，0—3岁是婴幼儿脑生理发育的关键期，这一时期脑在结构和功能上都具有很强的适应和重组能力。在儿童早期，中枢神经系统受损后，仍可以在功能上形成通路，或产生非常规的神经突触，以达到代偿目的。人的视觉最敏感的关键期也是在儿童早期。0—3岁是掌握语言的关键期，婴幼儿在此阶段学习语言的积极性最高，效果最佳。

  换句话说，对0—3的婴幼儿开展早期教育就是在婴幼儿最敏感、最能接受的时期所进行的事半功倍的适时教育。著名幼儿教育家蒙台梭利说："小孩3岁前所吸收获得的知识，相当于大人拼命学习60年"。伟大的文学家托尔斯泰说："我一生其余岁月获得的，都不及5岁前获得的百分之一"。中国有句谚语，"3岁看大，7岁看老"，所强调的也是小时候的发展决定着一生的成就。布鲁姆领导的小组对美国120名最有成就的名人进行的为期5年的调查研究表明：早教是成功的关键因素。中国古代著名学者颜之推说，"教妇初来，教儿婴孩"，认为教育的最佳时机是在"婴孩"阶段。日本谚语"矫木趁幼，育人趁少"，也是强调"趁少"。

　　早期教育的核心在于提供一个科学而丰富的教养环境，对婴幼儿的大脑发育和人格成长等进行"激活"。科学家们说，对婴幼儿进行的早期益智教育，会在他们的脑海中留下永久印记。

　　早教机构并不是要教婴幼儿什么，主要是告诉婴幼儿的养育者，生活中如何在给予孩子关爱的同时，高效地对其进行大脑智力潜能开发，培养孩子良好的生活习惯以及性格等。婴幼儿早期教育是一项非常专业的新兴行业，比如给腹中的宝宝听音乐，喂奶时哼儿歌、抚摸他，多陪他说话，多带他出门散步，洗澡时顺便按摩等都是孩子的养育者需要学习的内容。

在线练习

○ 过关练习 ○

I. 单选题

（1）幼儿园环境指的是在幼儿园中对幼儿身心发展产生影响的（　　　）。

　　A. 物质要素　　　　　　　　　　　　B. 精神要素

　　C. 物质要素与精神要素　　　　　　　D. 设施与设备

（2）在幼儿园环境创设中，教师要把对设施、设备、玩具、教具、操作材料等所有物质材料的（　　）放在首位。

　　A. 美观　　　　　　B. 质量　　　　　　C. 价格　　　　　　D. 安全

（3）幼儿园的物质环境涵盖幼儿园（　　）的所有活动设施设备。

　　A. 室内　　　　　　B. 室外　　　　　　C. 室内外　　　　　D. 游戏室内

（4）幼儿园环境创设应该在（　　　）方面体现出开放的理念，形成开放的幼儿园环境系统，让幼儿在开放的"生活世界"中自由发展。

　　A. 空间　　　　　　B. 内容　　　　　　C. 参与者　　　　　D. 以上三项都是

（5）幼儿园的所有物质条件都要从保障与促进幼儿身心健康发展出发，要与幼儿发展水平、年龄特点、兴趣爱好、个性特征等相互匹配、同步、协调，要能满足幼儿全面发展的需要。这说明了环境创设要遵循（　　）原则。

　　A. 安全性　　　　　B. 开放性　　　　　C. 适宜性　　　　　D. 丰富性

（6）早教机构环境创设应遵循的原则不包括（　　　）。

  A. 尊重婴幼儿的选择，顺应其天性并积极回应

  B. 关注婴幼儿的全面发展和个体差异，提供多种材料刺激其各种感官，引发婴幼儿参与活动

  C. 创设温馨、舒适的家庭式活动环境

  D. 创设的环境应该和幼儿园没有区别

2. 简答题

  在适宜的精神环境中，婴幼儿能够轻松、自由、自主地参与各项活动。请举例说明保教人员应怎样为婴幼儿提供适宜的精神环境。

....

....

....

....

....

....

....

....

学习活动 **3**　托幼机构一日活动认知

○ **学习目标** ○

☑ 了解托幼机构一日活动，能阐述一日活动的合理安排对婴幼儿身心发展的重要意义。

☑ 掌握托幼机构一日活动的基本环节，能概括各环节的基本保教任务。

☑ 掌握托幼机构一日活动安排的依据，能辨析某个托幼机构一日活动安排的合理性。

○ **学习准备** ○

☑ 学习材料：《保育员工作指南》（北京师范大学实验幼儿园主编，北京师范大学出版社）《上海市学前教育课程指南》等资料；走访调研表（自制，格式不定）。

☑ 学习设备：照相机和录音笔等调研设备、互联网资源。

○ **学习导语** ○

　　托幼机构的课程主要是以一日活动的形式组织实施的。托幼机构的一日活动需要根据学前教育的任务和内容，由保教人员有目的、有计划地安排实施，同时要考虑到婴幼儿的年龄特点、季节变化等因素，以动静交替、室内外活动相结合的形式开展。托幼机构的一日活动安排一旦制定便会形成制度，须长期执行。因为稳定的活动安排，可以使婴幼儿在托幼机构的活动内容既丰富多彩又有规律性，这不仅有利于婴幼儿的身心发展，还能促进他们形成良好的生活习惯，同时也能为保教人员顺利做好保育和教育的工作提供重要条件。

探索 1 托幼机构一日活动有哪些内容?

同学们去幼儿园见习回来,对幼儿园的一日活动展开了激烈的讨论。有的说:"小朋友在幼儿园里真开心,一天下来,他们就是吃吃、睡睡、玩玩,太舒服了!"有的说:"不对,小朋友也要学知识的,我看到幼儿园老师给他们上课了。"

同学们对幼儿园一日活动的内容争论不休,你认为托幼机构的一日活动内容有哪些?不同的内容如何开展?

_____

_____

_____

_____

_____

_____

学习支持 1

★ 托幼机构一日活动的内容

托幼机构的一日活动是指托幼机构每天进行的所有活动,包括日常生活活动和其他活动。教师应该充分认识和利用一日活动各个环节的教育价值,通过合理组织、科学安排,使其成为一个有机的整体,在自然的生活中让婴幼儿的身心健康发展。

▲ 一日活动的学习环节:小朋友在聚精会神地听故事

一日活动是一个完整而有意义的整体。它不仅是满足婴幼儿生理需要的途径,还是教育、引导婴幼儿的有效途径;它既是婴幼儿知识、技能学习的基础,又是形成婴幼儿自主性和独立性的基础,并对婴幼儿德、智、体、美、劳各方面的发展具有促进作用。

幼儿园一日活动的主要环节包括来园、晨间锻炼、学习、游戏、进餐、盥洗、如厕、散步、睡眠、户外活动和离园。《上海市学前教育课程指南》将幼儿园一日活动归为四类,即生活活动、运动活动、学习活动和游戏活动,它们既综合指向课程目标与内容,又保持各自的特点。

由于早教机构一日活动内容的安排既要考虑到婴幼儿身心发展的特点，又要考虑到家长的需求，因此在内容选择和时间安排上与幼儿园有所不同。《上海市0—3岁婴幼儿教养方案》中指出："日常生活中各环节的安排要相对固定，内容与内容间要尽可能整合，同一内容应多次重复，但一项内容的活动时间不宜过长。"

知识链接

上海市某幼儿园一日活动时间安排表（中班）

时　间	内　容
8：00—8：30	入园（晨检）
8：30—9：00	区角游戏（来园活动）
9：00—9：30	学习活动
10：00左右	户外活动
11：00—12：00	午饭，看动画片
12：00—14：30	午睡
14：30—15：00	穿衣、盥洗、点心
15：00—16：00	游戏活动
16：00后	离园活动

上海市重庆北路托儿所作息时间表[1]

宝宝班（1—1.5岁）	贝贝班（1.5—2岁）	豆豆班（2—3岁）
7：00—9：05 意愿活动、生活活动	7：00—8：50 意愿活动、生活活动	7：00—8：15 意愿活动、生活活动
9：05—9：15 阅读活动（18个月以下婴幼儿第一次睡眠）	8：50—9：30 户外身体运动	8：15—9：25 户外身体运动、生活活动

---

[1]　华爱华、黄琼主编：《托幼机构0—3岁婴幼儿教养活动的实践与研究》，上海科技教育出版社2006年版。

（续表）

宝宝班（1—1.5岁）	贝贝班（1.5—2岁）	豆豆班（2—3岁）
9：15—10：00 户外身体运动（有被动操、竹竿操等）	9：30—10：10 区域、集体、小组活动（交替）	9：25—10：25 区域、集体、小组活动（交替）
10：00—10：30 区域活动、个别交流	10：10—10：40 阅读、自由活动（交替）	10：25—10：45 阅读、自由活动（交替）
10：30—11：30 生活活动、室内自由活动（个别婴幼儿提前午餐或提前午睡）	10：40—11：40 生活活动、自由活动	10：45—11：45 生活活动、自由活动
11：30—15：30 生活活动包括午睡、午间操、点心（视个别婴幼儿情况进行）	11：40—15：30 生活活动包括午睡、午间操、点心（个别婴幼儿午睡时间可延长）	11：45—15：30 生活活动（午睡、午间操、点心）
15：30—15：50 室内或室外身体运动	15：30—15：50 户外身体运动	15：30—15：50 户外身体运动
15：50 角落游戏、离园	15：50 角落游戏、离园	15：50 角落游戏、离园

探索 2 如何组织托幼机构一日活动中的生活活动？

请参考"上海市某幼儿园一日活动时间安排表（中班）"和"上海市重庆北路托儿所作息时间表"，说一说一日活动中的哪些环节是生活活动。保教人员该如何合理安排和指导生活活动？

学习支持 2

★ 托幼机构生活活动的组织方法

生活活动主要指生活自理、交往礼仪、自我保护、环境卫生、生活规则等方面的活动，旨在让婴幼儿在真实的生活情境中自主、自觉地发展各种生活自理能力，形成健康的生活习惯和交往行为，在共同的生活中能够愉快、安全、健康地成长。

生活活动在婴幼儿一日活动中所占的比例最大，时间最长，这决定了生活活动对婴幼儿成长的重要意义。托幼机构通过开展生活活动，以满足婴幼儿的吃、喝、拉、撒、睡等基本生理需求。因此，有序合理地开展生活活动有利于婴幼儿养成良好的生活习惯和生活能力，是保教人员的工作重点。注重生活环节是托幼机构区别于其他年龄段教育的重要特征。在0—3岁的早期教养中，保教人员更应该突出"以养为主"、"教养结合"，注重生活活动。托幼机构

▲ 小手洗干净，细菌全没啦

的生活环节是具体的、琐碎的，婴幼儿生活能力的培养是一个漫长的过程，在这个过程中，保教人员要坚持以婴幼儿为中心，一切为了婴幼儿，注重婴幼儿独立性、自主性的培养。

托幼机构的生活活动主要包括婴幼儿来园、离园、盥洗、如厕、进餐、饮水、午睡等环节。这些是婴幼儿每天都要进行的必不可少的活动，能使婴幼儿在潜移默化中获取最基本的生活经验。

1. 来园、离园

在婴幼儿来园、离园环节，教师可以通过创设环境、语言引导等方式，培养婴幼儿的

▲ 幼儿早晨来园时，教师热情地和他们打招呼，以培养幼儿礼貌交往的能力

▲ 幼儿来园后，教师指导他们自己整理、摆放物品，以培养其生活自理能力

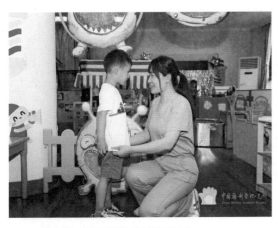

▲ 放学前，教师指导幼儿整理衣裤

▲ 幼儿离园时，教师同幼儿及其家长热情礼貌地道别

礼貌问候、整理自己的物品、自由选择游戏内容和材料并安静游戏等能力。

2. 盥洗、如厕

在幼儿园里，幼儿在一日活动中需要多次盥洗，看似简单的盥洗对幼儿来说并不简单。教师可以通过盥洗培养幼儿勤洗手、正确洗手，在人多时能排队等待的良好行为习惯，以及节约用水的意识。在如厕环节，教师可以培养幼儿安静、有序、正确地如厕，人多时能排队，会使用便纸，知道便后要冲水，会自己整理衣裤等能力。

对于早教机构中的0—3岁婴幼儿，保教人员应着重培养他们爱清洁、讲卫生，积极参加盥洗，愉快配合成人的好习惯。在盥洗过程中，保教人员要用语言启发和帮助他们逐步发展自我服务的能力。在如厕环节，保教人员要注意培养他们有规律地在固定地方大小便的习惯。

▲ 培养幼儿盥洗时人多排队的好习惯

▲ 幼儿自主洗手

3. 饮水、进餐

在幼儿园的饮水环节，教师可以通过创设环境标志等方式，引导幼儿养成排队、自觉饮水、不浪费水等良好的习惯。进餐是一日活动中的重要环节，教师需要培养幼儿正确使

▲ 培养幼儿良好的饮水习惯——人多不拥挤，排
  队接水

▲ 培养幼儿良好的饮水习惯——喝多少接多少，
  不浪费水

用餐具、能安静专心地进餐，先吃饭菜最后喝汤，进餐时能保持桌面和地面清洁等习惯。

对于早教机构中的0—3岁婴幼儿，保教人员应培养他们口渴时会用动作或语言表达的能力。进餐方面，保教人员要掌握不同婴幼儿的进食量，保证他们吃好吃饱，同时培养他们专心进餐、不挑食、不偏食、不边吃边玩、保持正确进餐姿势的好习惯。

4. 午睡

在幼儿园的午睡环节，教师需要培养幼儿睡前折叠、摆放整齐鞋子和衣物，起床后自己穿衣和鞋袜，大班开始能自己整理小床的生活习惯和能力。在睡眠习惯方面，鼓励幼儿安静入睡，睡姿正确（要侧卧或仰卧，不俯卧或蒙头睡）；如果早醒不要影响别人，可以安静起床。

对于早教机构中的0—3岁婴幼儿，保教人员需要根据婴幼儿的年龄和体质，合理安排睡眠的次数，确保睡眠和起床的顺序；创设温馨的环境，保证婴幼儿睡眠的质量；注意培养婴幼儿按时入睡、按时起床、有正确的睡眠姿势等习惯。

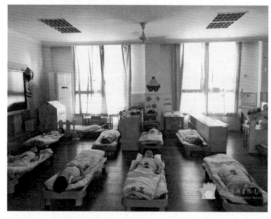

▲ 创设温馨的午睡环境

▲ 培养幼儿午睡前后自己脱穿、整理衣裤的良好
  习惯

知识链接

幼儿教师眼中的生活活动

生活活动是幼儿园践行"保教结合"教育理念的重要载体，看似琐碎、低级的活动，却对推动婴幼儿发展起着关键性的作用，不可小觑。打个简单的比方，个体学会了吃、喝、拉、撒，他才能生存下去，这是"刚需"。

教师组织生活活动和家长在家养育自己的孩子是不同的，一是因为教师面对的婴幼儿较多，二是因为教师能凭借专业的知识和技能纠正婴幼儿不良的生活习惯。因此，生活活动的有效开展需要教师具备一定的知识和技能，包括全面的健康生活知识、婴幼儿身心发展规律和特点、与婴幼儿互动的技能和技巧、特殊儿童的个别化教育实践经验。

生活活动中，保育员工作内容知多少

保育员需要在婴幼儿来园之前到岗，做好环境卫生、室内通风、检查安全隐患及其他准备工作。婴幼儿来园后，保育员要培养婴幼儿整理和放置自己的物品或玩具的能力，引导婴幼儿进行安静游戏等活动。离园环节家长来接时，保育员要培养婴幼儿离园前放好玩具，以及与本班幼儿、教师有礼貌地道别的习惯；要做好与家长的联系工作，交代婴幼儿在园的情况，交还衣服、药物等。

婴幼儿进餐前20分钟，保育员要做好餐桌的清洁与消毒工作，创设安静整洁、轻松愉快的就餐环境。在就餐过程中不批评、不训斥婴幼儿，不用比赛的方式催促婴幼儿进餐，帮助或提醒婴幼儿饭前洗手、饭后漱口，培养婴幼儿良好的进餐习惯和独立进餐的能力。

在饮水环节，保育员要提前为婴幼儿准备好温开水、消过毒的水杯，提醒婴幼儿按时按需饮水。

盥洗环节是一日活动的重要内容，主要包括洗手、洗脸、漱口、梳头等活动。在这一环节中，保育员需要提前准备好洗手液或肥皂、擦手或擦脸毛巾、温度适宜的水（冬季需加热）、护肤品、漱口杯、梳子等物品，同时提醒和指导婴幼儿正确盥洗。此外，要保持盥洗环境干净、整洁，保持盥洗室地面干燥等。

针对如厕环节，保育员需准备好适量的纸巾，指导和帮助年龄小的婴幼儿如厕，并做好腹部保暖；提醒女孩便后用纸巾，提醒婴幼儿便后冲洗便池和洗手。此外，保育员还需要对便池进行清洁和消毒。

在午睡环节，保育员需要创设温馨舒适的午睡环节，如：拉好窗帘，根据需要开关窗户。此外，要指导或帮助婴幼儿睡前如厕、脱衣裤、脱鞋，并将衣服、鞋子折叠（摆放）整齐。在婴幼儿午睡的过程中，保育员须每15分钟巡视一次，以确保婴幼儿睡姿正确。在婴幼儿午睡起床后，保育员要指导或帮助婴幼儿穿衣、如厕、整理床铺。

探索 3 如何组织托幼机构一日活动中的运动活动?

托幼机构的一日活动少不了运动。那么，在见（实）习期间，你所见过的运动活动包括哪些形式呢？

_____

_____

_____

_____

学习支持 3

★ 托幼机构运动活动的组织方法

《上海市学前教育课程指南》指出，运动主要指体操、器械运动、自然因素锻炼等活动，旨在提高幼儿身体素质、动作协调能力和适应环境的能力，为幼儿健康的体质奠定基础。

在运动方面，幼儿园阶段的培养目标为：喜欢运动，愿意尝试不同运动器械，充分活动身体；用动作模仿周围事物的形态和动作特征，感知运动节律变化；尝试新奇、有野趣的活动，获得身体活动的经验；愿意和同伴一起运动，能自觉遵守运动的规则和要求，具

▲ 幼儿在开心地运动

有初步的集体意识、安全意识和自我保护意识及能力。

　　幼儿园需要确保幼儿有每日2小时的户外活动时间，其中1小时的运动时间能分段进行。幼儿园能提供符合幼儿年龄特点、数量基本满足需要的运动材料和器械，让幼儿进行较充分的运动。幼儿园能利用现有的园内外运动资源，根据季节特点组织幼儿进行运动，且所开展的运动符合不同年龄特点的幼儿需要。教师在幼儿运动期间，需要关注安全性，及时处理异常情况和突发事件。

　　早教机构中0—3岁婴幼儿的运动包括：在室内进行的一些操节活动和户外进行的集体游戏、模仿操和器械锻炼。模仿操是教师根据婴幼儿的年龄特点，将一些婴幼儿常见的日常生活动作、熟悉的动物走路姿势等编排成富有节奏的身体动作，使婴幼儿在动作模仿中获得动作的协调发展。0—3岁婴幼儿的运动还可以充分利用生活环境进行，如在花园里嬉戏奔跑，在运动器械上自由玩耍等，这些都有利于婴幼儿身体健康、和谐地发展。

知识链接

幼儿教师眼中的运动活动

　　运动是促进婴幼儿动作发展的重要途径，在保证婴幼儿人身安全的基础上，教师要尽可能最大化地满足婴幼儿在运动中的自由、自主与自发性。这里需要指出的是，跑、跳、爬、钻等运动技能，婴幼儿是需要反复练习才能获得的，如果一味追求结果，难免会让他们觉得枯燥。因此，要想在运动活动中激发婴幼儿的参与兴趣，教师除了要具备有关婴幼儿动作发展的知识外，还必须具备设计与组织游戏化的体育教学活动的能力。

运动活动中，保育员工作内容知多少

　　在婴幼儿运动前，保育员要先检查场地的安全情况，如场地要平坦、防滑、无积水，将场地打扫干净，不乱堆杂物，再检查运动器械有无损坏。保育员还需配合教师备好器具和玩具，然后备好干毛巾、茶水和茶杯。最后提醒婴幼儿大小便，协助教师帮助婴幼儿脱去外套，将内衣束于裤内，裤脚不拖地，系好鞋带等。

　　在婴幼儿运动中，保育员要加强生活护理，及时提醒和帮助婴幼儿增减衣服，为他们擦去脸上和颈部的汗水，提醒婴幼儿喝水、不玩危险物品、不做危险动作、不打闹、不吵架、不狂奔乱跑；观察婴幼儿在运动中的活动量，随时注意活动量与密度，观察婴幼儿的精神、情绪、面色、出汗量，提醒或帮助他们用干毛巾擦汗；对个别身体不适的婴幼儿及体弱儿、肥胖儿，要注意掌握他们活动的时间，及时提醒休息，加强对他们的护理和照顾，如运动前在背上垫上干毛巾，运动后及时抽去毛巾等。

　　在婴幼儿运动结束时，保育员要收拾好玩具，归类摆放；提醒或帮助婴幼儿将衣服带回教室、穿上外衣，确保婴幼儿不受凉；协助教师做好婴幼儿的清洁整理工作，如洗手、擦脸、休息、喝水等。

探 索 4 如何组织托幼机构一日活动中的学习活动?

托幼机构的学习活动包括哪些内容? 每天开展几次学习活动? 每次学习活动持续多长时间?

学习支持 4

★ 托幼机构学习活动的组织方法

《上海市学前教育课程指南》指出, 托幼机构的学习活动主要指讨论、阅读、听赏、制作、表演、实地参观、收集信息等活动, 旨在激发幼儿主动探索, 积极体验, 使幼儿在认知能力和态度上不断进步, 为后续学习打下基础。

幼儿园的学习活动具有生活性、启蒙性、活动性和参与性、游戏性和情境性的特点。(1)幼儿园的学习活动以帮助幼儿获取大量的感性经验为主要任务, 其内容和途径必须贴近幼儿的实际生活, 并以促进幼儿适应和认识生活为重要目标, 因此具有生活性的特点。(2)幼儿时期的思维以具体形象思维为主, 抽象逻辑思维开始萌芽, 该时期的学习活动又具有启蒙性的特点。(3)幼儿园的教学强调幼儿的实践活动, 以获取直接经验为主, 强调幼儿的直接参与, 因此又具有活动性和参与性的特点。(4)幼儿的注意力容易分散, 思维以具体形象为主, 因此学习活动的开展需要具有游戏性和情境性的特点。

学习活动一般可以分为集体教学活动和个别化学习活动。在集体教学活动中, 对不同年龄段的幼儿在时间上的要求是不同的, 小班一般持续15分钟, 中班一般持续20分钟, 大班一般为30分钟。幼儿园的集体教学活动一天不宜过多, 一般安排一次, 时间多安排在上午, 其余以个别化学习为主。

▲ 教师在开展集体教学活动

个别化学习活动是一种小范围的活动，在国外也叫活动区或开放教育，它最早出现于英国，20世纪70年代流行于美国。其特征是把教室划分为几个活动区，教师根据每个活动区的内容准备充分的活动材料，幼儿凭借自己的兴趣，自由选择活动方式。随着教育改革的不断深入，个别化学习活动这种开放性的教育形式，也引起了人们的重视。个别化学习活动强调的是幼儿自主探索、自主学习、动手操作、小组合作等多方面能力的培养。

▲ 丰富的个别化学习活动能满足不同层次幼儿的需要

在早教机构中，对0—3岁婴幼儿实施的教学活动形式需要根据其年龄来确定。对于1岁以下的婴儿，主要采取个别教育的形式；对于1—2岁的婴儿，可以增加小组教育的方式；对于2岁以上的婴幼儿，可以每天安排一次集体教学活动，每次时间5—10分钟。教师在设计教学活动时，应考虑到让婴幼儿的身体和感官充分作用于活动材料，通过操作活动材料获得直接经验。在活动中，教师要关注不同婴幼儿的发展水平，满足不同婴幼儿的需要；与婴幼儿有充分的情感交流，鼓励他们大胆尝试。

知识链接 ▭ ▢ ✕

幼儿教师眼中的学习活动

学习活动是全面的、启蒙性的，主要帮助婴幼儿积累广泛的、常识性的知识。另外，在开展学习活动的过程中，比起知识内容，教师应更注重培养婴幼儿的学习品质，保持其学习的兴趣。目前，幼儿园的教育内容被划分为健康、语言、社会、科学、艺术五个领域，各领域的内容相互渗透，没有严格的界线，从不同的角度促进婴幼儿情感、态度、能力、知识、技能等方面的发展。上海市托幼机构普遍采用主题教学模式，即由一个主题将五大领域的学习内容串联起来。通过不同主题内容的开展，婴幼儿能获得重复练习不同领域技能的机会。除此之外，近年来，STEAM教学、项目式学习也被众多托幼机构选用。因此，教师在上岗前，要了解目前国内外主流的教学法，掌握一些开展学习活动的技能技巧。

学习活动中，保育员工作内容知多少

在学习活动前，保育员要为教师做好活动前的准备工作：一是学习环境的准备，注意活动室的通风、整洁、宽敞、明亮，按要求摆放好桌椅；二是要按照各项学习活动的内容或教师的要求准备好教具与学具。

在学习活动过程中，保育员要注意观察，随时发现婴幼儿在活动中的需求，适时地处理

活动过程中的一些问题,但是一定注意不妨碍学习活动的开展。例如:个别婴幼儿需要小便,可悄悄带领其上厕所;个别婴幼儿情绪不愉快,应尽快处理,不影响别人;个别婴幼儿需要纸、笔等应及时满足。

在学习活动中,保育员还要按照教师的要求参与活动,配合和协助教师完成学习活动。如个别婴幼儿在阅读时遇到困难,保育员可以和婴幼儿一起阅读;要配合教师注意婴幼儿的坐姿和握笔的姿势是否正确;个别婴幼儿绘画时不敢大胆入笔,可以悄悄用语言、眼神或表情给予鼓励。

探索 5 | 如何组织托幼机构一日活动中的游戏活动?

托幼机构一日活动中安排了大量的游戏环节,婴幼儿在游戏活动中玩得很开心,常常不愿结束。有些同学在见习回来后就觉得,婴幼儿在托幼机构学不到知识,就是在玩,是在浪费时间。你觉得这个观点对不对? 请说明理由。

学习支持 5

★ 托幼机构游戏活动的组织方法

《上海市学前教育课程指南》指出,游戏活动是幼儿自发、自主、自由的活动。游戏活动对幼儿发展有重要的价值,能发展幼儿的想象力、创造力和交往合作能力,促进幼儿情感、个性健康地发展。幼儿生来好动,游戏能满足幼儿的这一天性。因此,游戏是幼儿最喜欢的活动形式,是幼儿的第二生命。

游戏是幼儿的基本活动。幼儿无时无刻不在游戏,幼儿的生活是以游戏为中心的。在一日活动中,幼儿除了进行必要的进餐、睡眠、盥洗等生活活动外,几乎都在游戏。游戏能满足幼儿身心发展的需要,能发展幼儿的运动、认知、探究、操作等能力,也能促进幼儿良好情绪情感和社会性的发展,能给幼儿带来快乐。

游戏是幼儿自发、自主地与空间、材料、玩伴相互作用的情景活动,所以,游戏环

境就成为影响幼儿游戏行为最直接的因素
之一。幼儿园是幼儿游戏的主要场所，幼
儿的游戏水平、在游戏中的发展直接取决
于教师和保育员为其创设的游戏环境。因
此，创设一个有利于发展幼儿多种能力、
支持幼儿与之互动的游戏环境，是幼儿园
教育和保育的重要工作。具体的内容有：
（1）保教人员要为幼儿提供充足的游戏时
间，既要有专门的游戏时间，还要将游戏
融入教学活动，使游戏成为幼儿园的基本
活动形式。（2）保教人员还要恰当安排游
戏空间。游戏空间结构要合理，要有开放
的空间，也要有半开放或者封闭的空间；
要有适于集体活动的空间，也要有适合幼
儿小组或个别活动的空间。（3）游戏材
料的投放要合理。在选择与投放游戏材料
时，既要考虑幼儿的年龄特点，也要考虑
教育目标和内容。对于年龄小的幼儿，可

▲ 游戏是幼儿最喜欢的活动，对幼儿发展具有重
要价值

以选择色彩鲜艳、结构性强、形象逼真的材料，玩具品种单一但数量要多。对于年龄
大的幼儿，可以提供半成品材料，让幼儿自由探索材料的多种玩法。

　　游戏是幼儿自主自发的活动，是幼儿自己的游戏，教师应做游戏的支持者、观察者、
引导者，给予幼儿更多的自由，尽量减少对他们的干涉。教师应该全面、认真地观察幼儿
的游戏，比如游戏的主题、角色分配、矛盾解决情况、游戏持续时间等。此外，教师还可
通过直接或间接的方式介入幼儿的游戏，指导幼儿的游戏过程。

　　年龄越小的婴幼儿，游戏时对成人的
依赖性就越大。0—3岁的婴幼儿在游戏时，
成人对游戏的安排和指导意义就很大。保
教人员应该保证婴幼儿游戏的时间，根据
其年龄选择合适的游戏形式和内容；要为
婴幼儿提供合适的场所和设备，如练习爬
行、走、跑、跳、攀登等内容的场地；要
为婴幼儿准备适合其年龄的、数量充足的
玩具。在组织游戏的过程中，保教人员要
引发婴幼儿的兴趣，保证婴幼儿的情绪愉
快，可以介绍简单的游戏规则，同一个游
戏可以重复开展。

▲ 小年龄婴幼儿在游戏时对教师的依赖更多

知识链接

幼儿教师眼中的游戏活动

在幼儿园，"游戏活动"特指角色扮演游戏、建构游戏等自主性游戏活动。婴幼儿的游戏内容大多来源于自身的生活经验，并通过游戏再现这些经验，在游戏过程中获得满足感。随着婴幼儿的发展，其游戏水平也在不断发展，体现在游戏内容的日益丰富、游戏表征的日益精细等方面。因此，婴幼儿的游戏活动具有明显的年龄特征，教师对此要做到心中有数，并通过与婴幼儿的日常互动了解其生活经验。另外，在游戏活动的过程中，教师要少干涉，多观察、分析，及时记录婴幼儿的游戏行为。深入的观察和记录能使教师更加了解婴幼儿的身心发展情况，从而设计出更优秀的游戏活动方案。因此，作为幼儿教师，具备一定的婴幼儿游戏行为观察和分析的能力，是必不可少的。

游戏活动中，保育员工作内容知多少

在婴幼儿游戏前，保育员要根据婴幼儿的年龄特点、游戏内容做好游戏前的准备，包括环境的准备、玩具与材料的准备。在婴幼儿游戏的过程中，保育员应在教师的指导下参与幼儿游戏，适时适宜地照顾婴幼儿的活动，满足他们在游戏中的各种需要，如补充玩具、材料，照顾他们小便、喝水等。游戏结束后，保育员要协助教师收拾、整理玩具与材料，将它们归类摆放好。

此外，保育员要会配合教师自制简单的玩具，可以因地制宜、就地取材，利用纸、线、布、盒、瓶、罐等废旧物品制作安全、卫生、坚固、有趣的游戏材料。

在线练习

○ 过关练习 ○

Ⅰ. 单选题

（1）婴幼儿在托幼园所的一日活动内容包括（　　）。

  A. 饮水、盥洗、穿衣   B. 睡眠、排便、进餐

  C. 来园、晨检、活动、离园   D. 以上三项都是

（2）幼儿户外活动前，保育员必须做好的准备工作不包括（　　）。

  A. 检查场地及幼儿服装   B. 安全教育

  C. 备好活动器械、茶水、毛巾   D. 带领幼儿做体操

（3）幼儿户外活动时，保育员主要根据幼儿的（　　）来判断幼儿的活动量是否合适。

  A. 面色   B. 汗液   C. 情绪   D. 以上三项都是

（4）运动活动的形式主要包括（　　）。

    A. 早锻炼　　　　　　B. 体操　　　　　　C. 户外活动　　　　D. 以上三项都是

（5）保育员在婴幼儿游戏的过程中，不能做的事情是（　　）。

    A. 指导幼儿游戏　　　B. 观察幼儿游戏　　　C. 清洁、消毒玩具　　D. 参与幼儿游戏

（6）幼儿园的保教任务是实行（　　）的原则，对幼儿实施德、智、体、美、劳诸方面全面
发展的教育，促进其身心和谐发展。

    A. 教育优先　　　　　B. 保育优先　　　　　C. 保教结合　　　　D. 保教分离

（7）（　　）在婴幼儿一日活动中所占的比例最大，时间最长，对婴幼儿成长有重要意义。

    A. 生活活动　　　　　B. 游戏活动　　　　　C. 学习活动　　　　D. 运动活动

（8）幼儿园需要确保每日（　　）小时的户外活动时间。

    A. 0.5　　　　　　　　B. 1　　　　　　　　C. 1.5　　　　　　　D. 2

（9）（　　）是幼儿的基本活动，它既能满足幼儿身心发展的需要，又能发展幼儿的运动、认知、
探究、操作等能力，还能促进幼儿良好情绪情感和社会性的发展，能给幼儿带来快乐。

    A. 学习　　　　　　　B. 游戏　　　　　　　C. 运动　　　　　　　D. 探究

2. 简答题

游戏活动是婴幼儿的基本活动，说一说作为保教工作者，你将如何保证婴幼儿游戏活动
的顺利开展。

....

....

....

....

 任务导入

　　同学们，你知道婴儿几个月会走路，几个月会说话吗？婴幼儿身心各方面的发展有什么规律吗？

　　当你走进托幼机构，你是否发现托、小班的孩子和中、大班的哥哥姐姐有明显不同？托、小班的孩子走起路来跌跌撞撞，跑起来很容易摔跤，而中、大班的孩子却能走、跑、跳，行动自如。托、小班的孩子说起话来口齿不清、断断续续，而中、大班的孩子伶牙俐齿、口若悬河。托、小班的孩子总是哭哭啼啼，要成人陪着玩，而中、大班的孩子却能三三两两与同伴快乐游戏。由此可见，0—6岁的婴幼儿在身体、语言、动作、认知、情感和社会性等各方面的表现都是差异巨大的。因此，了解0—6岁婴幼儿的年龄特征，对于开展保教工作至关重要。

　　什么是年龄特征？北师大陈帼眉教授提到："年龄特征是代表同一年龄阶段的人所表现的典型的特征，包括儿童生理的年龄特征和儿童心理的年龄特征。所谓儿童心理发展的年龄特征，是指儿童在每个年龄阶段中形成并表现出来的一般的、典型的、本质的心理特征。"

　　要做好0—6岁婴幼儿的保教工作，首先要深刻了解保教的对象，了解每个年龄阶段的婴幼儿在生理、心理上的主要特征，从而根据这些特征开展相关的工作。

任务目标

- 能根据婴幼儿在生活自理、动作、语言、认知、情绪情感、社会交往等方面的主要特征，判别婴幼儿的年龄。
- 能掌握0—6岁婴幼儿的年龄特征，总结每个年龄段的发展目标。
- 能根据教养活动的指导策略要求，对现实或视频中0—6岁婴幼儿的教养活动进行评析。
- 能理解婴幼儿保教工作的重要意义，感受成人对0—6岁婴幼儿身心发展的重要影响。
- 感受掌握0—6岁婴幼儿年龄特征对于做好保教工作的重要性。

建议学时

20学时。

 学习活动流程

- 学习活动1：认识0—3岁婴幼儿（5学时）。
- 学习活动2：认识3—4岁幼儿（5学时）。
- 学习活动3：认识4—5岁幼儿（5学时）。
- 学习活动4：认识5—6岁幼儿（5学时）。

学习活动 **1** 认识 0—3 岁婴幼儿

学习目标

☑ 能根据0—3岁婴幼儿在动作、语言、认知、情绪情感、社会交往等方面的主要特征，判别婴幼儿的年龄。

☑ 能掌握0—3岁婴幼儿的年龄特征，总结该年龄段的发展目标。

☑ 能根据教养活动的指导策略要求，对现实或视频中0—3岁婴幼儿的教养活动进行评析。

☑ 能理解0—3岁婴幼儿保教工作的重要意义，感受成人对婴幼儿身心发展的重要影响。

学习准备

☑ 学习材料：《学前心理学》（陈帼眉著，人民教育出版社）、《上海市学前教育课程指南》；走访调研表（自制，格式不定）。

☑ 学习设备：照相机和录音笔等调研设备、互联网资源。

学习导语

　　人生的头三年是各方面发展最迅速的时期。婴幼儿在出生后的两年内学会了走路、说话，发展了简单的动作，如抓、握、跑、原地跳等，开始出现简单的表象思维和想象，能握笔画画，开始有了自我意识，此时婴幼儿开始进入早教机构接受早期教养。那么，0—3岁婴幼儿的发展有哪些年龄特征呢？我们该如何根据这些年龄特征开展保教工作呢？

▲ 2岁的婴幼儿已经能掌握很多动作

探索 1 · 0—1岁婴幼儿有什么特点呢?

（1）小调查。寻找周围生活中的0—3岁婴幼儿，通过仔细观察或者咨询，完成表格。

0—3岁婴幼儿年龄特征信息表

婴幼儿基本信息

姓名：_____	年龄：____岁____月	性别：_____

维　度	年龄特征
语　言	
动　作	
认　知	
情绪情感	
独立性	
兴趣爱好	

（2）同学们，你对0—1岁婴儿了解得多吗？你知道婴儿几个月会走路，几个月会说话吗？刚出生的婴儿有听觉和视觉吗？

▲ 刚会走路的婴儿

（3）刚出生的婴儿，面部时常会露出微笑，甚至在熟睡过程中也会微笑，爸爸妈妈会因此很开心，认为宝宝非常聪明可爱。你是怎么看待这一现象的呢？

（4）婴儿从五六个月开始出现认生现象，不愿让陌生人抱，不愿离开最亲近的人。为什么会这样呢？

学习支持 1

★ 认识 0—1 岁的婴儿

1. 新生儿的无条件反射现象

新生儿身上有许多有趣的现象，让我们先从无条件反射说起。

孩子出生的第一年，称为婴儿期。在这一年里，婴儿身体、心理发展最为迅速，心理特征变化最大。出生后的第一个月被称作新生儿期。新生儿离开母体来到陌生的世界，需要依靠多种无条件反射来适应新环境，如吸吮反射、觅食反射、抓握反射、巴宾斯基反射、惊跳反射、游泳反射等。

（1）吸吮反射是指当奶头、手指、衣服等碰到新生儿嘴唇时，他会立即做出吃奶的动作，这是一种食物性无条件反射，是吃奶的本能。

（2）觅食反射是指当奶头、手指或其他物体并未直接碰到婴儿的嘴唇，而只是碰到了他的脸颊时，他会把头转向物体，做出觅食反应。

（3）抓握反射，又称达尔文反射，是指当物体接触新生儿的掌心时，他会立即紧紧抓住物体。

（4）巴宾斯基反射，是指当轻轻地抓或者刺激新生儿的脚心时，他就会脚趾向上张开，变成扇形。

（5）惊跳反射，当新生儿突然失去支持或受到大声刺激时，常常表现为惊恐状，如双臂伸开，又迅速收回胸前，紧握拳头等。

（6）游泳反射，当托住新生儿的肚子时，他会抬头，伸腿，做出游泳的姿势。如果让新生儿伏在水里，他会本能地抬起头，同时做出协调的游泳动作。

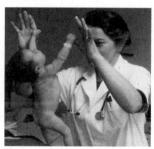

▲ 吸吮反射　　　　▲ 抓握反射　　　　▲ 巴宾斯基反射

新生儿期的无条件反射，在婴儿长到几个月大的时候会自然消失。如果过了一定年龄还继续出现，可能是婴儿发育不正常的表现，需要引起注意。

2. 听觉良好，视觉逐渐发展

新生儿已有良好的听觉，他不仅能够听见声音，而且还能区分声音的音高、音响和声音的持续时间。婴儿对说话声音特别敏感，2个月的婴儿可以辨别不同人的说话声以及同一个人带有不同情感的语调。婴儿对妈妈的声音尤其敏感，新生儿期就能分辨出妈妈的声音，哭闹时只要听到妈妈大声说话就能安静下来。

新生儿视力很弱，如果拿正常成人的视力去衡量，也就仅有0.025—0.05的水平。他们可以看到父母的影像，不过并不怎么清楚。尽管如此，新生儿对光线还是会有反应，在接受突然变亮的光线时，新生儿的瞳孔会收缩、眼皮眯起来。如果光线太亮、太强，他们常常会把头转到另一边去。随着婴儿年龄的增长，到了6—8周大时，成人就发现婴儿好像开始会看东西了。婴儿的视线似乎会跟着东西移动，也就是说，眼睛可以固定地看着一个物体，而这个物体通常是婴儿感兴趣的东西。比如，当拿着一只颜色鲜艳的玩具球吸引婴儿的注意，等他开始注视玩具球时，慢慢移动球，他的两眼会跟着球一起向左或向右转。

3. 手眼动作逐渐协调

手眼动作协调是指眼和手能够配合，手的运用能够和眼球一致，按照视线去抓住所看见的东西。婴儿手眼动作协调的发展需要经历很长的阶段，一般经历"动作混乱—无意抚摸—无意抓握—手眼不协调抓握—手眼协调抓握"的过程。婴儿一般要到四五个月才能手眼一致地抓握。

4. 语言逐渐产生

婴儿学习语言是从理解语言开始的，大约6个月大的婴儿已能听懂一些词汇，有时候需要借助场景理解词意。婴儿在两三个月时就能发出"啊咕"声，这时期的发声是机体内部的因素引起的，不是后天习得的。半岁以后，婴儿喜欢发出各种声音，如"ba-ba-ba"，好像是叫爸爸，但不具有任何意义，听起来像是说话，但不是真正意义上的说话。9—12个月时，婴儿能试着模仿声音，发音越来越像真正的语言。1岁左右能说出少量的几个词。

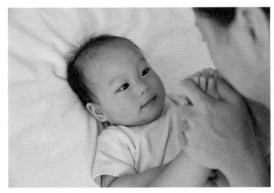

▲ 婴儿对母亲微笑

▲ 婴儿不愿被陌生的育婴员抱

5. 情绪丰富，形成依恋

婴儿天生具有情绪表达能力，出生时就具有5种面部表情迹象：惊奇、苦恼、厌恶、微笑、感兴趣。婴儿能通过哭声传达不同的情绪，有经验的妈妈可以通过哭声分辨婴儿的需要。婴儿不仅具有情绪表达能力，还具有情绪识别能力，1岁的婴儿已能"察言观色"。

刚出生的新生儿就会微笑，但此时的微笑主要是用嘴做怪相，它与大脑中枢神经系统活动不稳定有关。这种笑可以在没有外部任何刺激的情况下产生，是自发的笑，在睡着时最普遍。这种早期的微笑，还称不上社会性微笑。到第二个月时，婴儿开始出现社会性微笑，容易对人脸、人的声音露出微笑。到五六个月时，婴儿开始能辨认熟悉的脸和物，更加能笑了，这种笑增加了婴儿和照料者之间的感情交流。

5—6个月的婴儿开始出现认生现象。当陌生人要抱他时，会表现出紧张、害怕、哭闹等反应。这说明婴儿对亲近的人和熟悉的人已经有了不同的反应。认生是婴儿认识能力发展过程中的重要变化，表现了婴儿感知辨别和记忆能力的发展，也反映了婴儿情绪和人际关系上的变化。

五六个月时，婴儿开始积极寻求与照顾者接近，对照顾者产生依恋。当依恋对象离开时，婴儿会表现得不安，甚至哭喊，不让照顾者离开。当依恋对象回到身边时，会显得很高兴。只要依恋对象在身边，婴儿就会表现得很有安全感，能开心玩耍。婴儿与照顾者之间稳定的依恋关系能帮助他们形成积极的情绪情感，从而更好地适应周围生活。

探索 2 | 1—3 岁婴幼儿有什么特点呢?

贝贝，2岁5个月，是个人见人爱的小男孩。最近在他的身上发生了很多的事情，妈妈特意记录了下来，让我们一起来看看吧。

问题1：贝贝最近总喜欢自己吃饭、穿衣，不让他自己做，就哭闹个不停。每次吃饭是妈妈最头疼的事情，如果让他自己吃，他会把饭菜撒一地，有时候还会用手抓。妈妈嫌他弄得脏，不想让他自己吃。那么，到底该不该让贝贝自己吃呢？

....

....

....

....

问题2：贝贝时时刻刻都离不开妈妈，如果看不到妈妈就会大哭大闹，而妈妈一出现，就会立刻破涕而笑。贝贝为什么会这样？

....

....

....

....

问题3：贝贝和妈妈在小区里玩耍，贝贝看到了同年龄的洋洋手里拿着一辆小汽车，他二话没说，上去就抢走了洋洋的小汽车，任凭妈妈怎么劝说都无济于事，留下洋洋伤心地哭泣着。贝贝怎么会这么"霸道"呢？

....

....

....

....

问题4：贝贝特别喜欢听妈妈讲故事，而且特别喜欢重复听一个故事，每天晚上睡觉前都要缠着妈妈讲一遍，其实贝贝对这个故事已经非常熟悉了，很多情节他都能跟着妈妈讲出来。妈妈很不解，为什么贝贝如此喜欢重复听一个故事？你知道答案吗？

....

....

....

学习支持 2

★ 认识 1—3 岁的婴幼儿

1—3岁是婴幼儿真正形成人类心理特点的时期。在这一时期，婴幼儿学会走路，开始说话，出现想象力、表象思维，开始具有独立性。各种心理活动逐渐发展起来。

1. 动作发展速度较快

2岁左右的婴幼儿，基本掌握了行走的技巧。3岁前的婴幼儿已能完成坐、立、行、走、爬、钻等基本动作，并能扶着栏杆上下楼梯。此阶段婴幼儿的动作进入了一个快速发展的关键期，但做事动作迟缓，身体的控制力较差，缺乏自我保护的意识和能力，需要成人的帮助。

除了行走动作外，此时婴幼儿运用物体的精细动作也在发展。手眼协调的能力也有了较快的发展，可以同时一手捧碗一手拿匙，还会进行串珠、用茶杯喝水、穿鞋子等活动。

▲ 3岁前的婴幼儿能自如地钻爬

2. 语言迅速发展，听说能力基本形成

1岁至1岁半的婴幼儿处于语言理解阶段，能听懂很多，但是还不太会说。1岁半以后，似乎有一个突然开口的阶段。到了2岁，虽然说话不成句，但总是喜欢"叽里咕噜"地说话，更喜欢模仿成人。2—3岁的婴幼儿变得特别喜欢说，词汇量迅速增加，已能用简单的复合句来表达意愿，能基本理解常用的简单句型，听说能力基本形成。2岁后期，会用"我"来表达自己的需求和愿望，开始把自己从客体中区分出来。言语的发展能促进婴幼儿自我意识的萌芽。

3. 自我意识萌芽，出现独立性，尝试生活自理

婴幼儿进入第二个年头，就不像以前那么"顺从"了，尤其到2岁后，在日常生活中开始表现出独立的倾向。外出活动时，他们往往不要成人抱，喜欢到处探索，这就是独立性的表现，尤其是当婴幼儿学会了使用"我"以后。在这个阶段，婴幼儿还尝试着自己洗手，用小勺进食，自己穿脱衣服、鞋袜等；需要如厕时会主动表示，并能在成人的帮助下自行如厕。但此

▲ 3岁前婴幼儿的听说能力基本形成，愿意和成人互动

时婴幼儿的动作仍然迟缓、笨拙，生活自理方面还需成人帮助。

4. 情绪不稳定，易受环境影响，情感依恋强烈

这一阶段婴幼儿情绪发展的明显特征是易感性和易变性，不稳定。比如在一间教室里，如果一个孩子想妈妈哭了，就会有一群孩子跟着哭。此时婴幼儿的情绪非常外露，还不会控制自己的情绪，极容易受环境的影响，经常表现为前1分钟号啕大哭，后1分钟就破涕为笑。

另外，此阶段的婴幼儿对亲密的抚养者有强烈的情感依恋，当与抚养者分离时，大多数都要经历或长或短的分离焦虑过程。他们用哭闹表示分离的痛苦，这种因感情依恋而产生的分离焦虑表明，该年龄婴幼儿对依恋对象的存在和消失十分敏感。

▲ 出现自我意识，尝试自己做事情

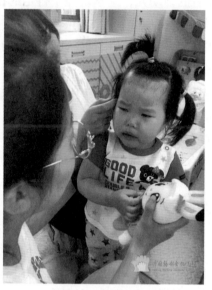

▲ 此时的婴幼儿情绪不稳定，对抚养者有着强烈的情感依赖

▲ 无意注意占主导

5. 无意注意占主导，有意注意刚萌芽

婴幼儿从第二年起，随着活动能力的增长和活动范围的扩大，接触到的事物越来越多，他们也越来越对更多的事物感兴趣，这就使他们的无意注意有了进一步的发展。无意注意在整个婴幼儿期占主导地位，表现在许多方面。婴幼儿对周围事物的无意注意常常超出成人的意料，他们能在不经意间记住很多事物。婴幼儿对成人间的谈话也往往表现出较强的无意注意，他们经常会停止把玩手中的玩具，打断成人的话，问道："是说我吗？"

6. 无意识记为主，有意识记刚萌芽

婴幼儿的识记主要还是无意识记，他们还不能为

了一定的目的而去记忆，如他们常常能在无意间记住广告词。婴幼儿最容易记住的是那些印象强烈或带有情绪色彩的事情。婴幼儿的有意记忆开始萌芽，随着言语能力的发展，他们可以记住成人的一些简单指令，识记一些歌谣和故事。

案例呈现

妈妈的困惑

有一天，2岁半的小艾和妈妈一起逛商场，商场里五颜六色的物品深深地吸引了小艾的眼睛。回到家，小艾跟妈妈说："商场门口粉色的爱心气球真好看，上面还画了米妮呢！"妈妈对小艾的注意力非常惊讶，每次外出回来，小艾都能说出很多妈妈没有注意到的东西。但是小艾有时候的表现又让妈妈很困惑，比如让她去找一件东西，明明在眼前，她却说找不到。

7. 自我中心倾向明显，出现反抗现象

2岁的婴幼儿由于动作、语言和认知能力的发展，扩大了社会交往的范围，开始逐渐习惯与同龄伙伴及成人交往，如在游乐场愿意到小朋友多的地方玩。但在交往中，他们带有明显的自我中心倾向，常常只考虑自己的需要和喜好，如喜欢别人的玩具，就会上前去抢，不能满足时甚至会抓咬别人。此阶段出现了人生的第一反抗期。

案例呈现

我要搭房子

早晨游戏时，浩浩来到了搭积木的地方开始搭房子，建构区还有小熙和晨晨。不一会儿，我就听到了小熙的哭声，原来是浩浩抢了他的积木。我蹲下来问："浩浩，你为什么要拿小熙的积木啊？""老师，我要搭房子！"浩浩看着我大声地说，丝毫没有做错事的意思。这时，我发现晨晨的积木也被浩浩抢去了一大半！"浩浩，你的积木已经够多了，把小熙和晨晨的还给他们，好吗？""不，我要搭大大的房子！"浩浩坚决地说。后来在我的再三说服下，浩浩拿出了几块积木还给了小熙和晨晨。

8. 思维直觉行动性

此时的婴幼儿只能在直觉行动中思维，在自己动作所接触的事物中思维，不能在感知和动作之外思维，动作不具有计划性，且不能预见后果。他们在离开了具体的事物、活动后便不能进行思考，往往先做后想、边做边想。例如在捏泥之前，他们往往说不出自己要捏什么，而常常在捏到某种形象之后才会说"苹果"、"大饼"等。

9. 对鲜明的色彩、节奏感兴趣

1—3岁的婴幼儿处于新异性的探索阶段，他们对新奇的事物特别感兴趣，尤其是色彩鲜艳、有声响或会动的物品，都能引起他们的注意和兴趣，能激起他们快乐的情绪，使他们能主动去认识环境和投入活动。

▲ 婴幼儿在动作中进行思考　　▲ 婴幼儿在观察会发声的小汽车

探索 3 ┊ 0—3岁婴幼儿的发展目标是什么?

假如你是一位托班的保教老师，你会为班级的婴幼儿提出哪些发展目标呢？

学习支持 3

★ 0—3岁婴幼儿的发展目标

作为专业的保教人员，在实施教育教学工作的过程中，应该根据0—3岁婴幼儿的年龄特征开展。例如，针对托班的婴幼儿，《上海市学前教育课程指南》提出了以下培养目标。

（1）愿意接受清洁要求，会用调羹进餐，学习如厕，安静入睡等。

（2）情绪愉快，亲近老师，能随老师和同伴一起活动。乐意招呼熟识的人，学用语言表达自己的需求。

（3）知道自己的姓名、年龄、性别和身体的主要部分，听从成人有关安全的提示。

（4）充分活动身体，走、爬动作协调，体验在自然环境中活动身体的快乐。

（5）感知和认说生活中接触到的动植物和常见的物品，觉察其形状、颜色、大小、多少、轻响等明显的不同。

▲ 带领婴幼儿感知和认识生活中常见的事物

（6）学讲普通话，喜欢听、讲熟悉的儿歌、故事，愿意用声音、动作等方式进行自由表达。

（7）喜欢摆弄玩具、材料，会跟着老师有兴趣地唱歌、敲打、做模仿动作。

探索 4 如何促进0—3岁婴幼儿的全面发展？

（1）了解过0—3岁婴幼儿的年龄特征后，你认为可以采取哪些措施来促进他们的发展呢？

....

....

....

....

....

....

（2）观看一段托班幼儿的活动视频，试评析视频中保教人员的教育教学行为。

....

....

....

....

微课视频
托班幼儿活动

....

....

学习支持 4

★ 促进 0—3 岁婴幼儿全面发展的教育策略

针对 0—3 岁婴幼儿的年龄特点，托幼机构和家庭可以从大运动、精细动作、认知、语言以及社会行为等方面对其进行培养，可采取如下教育策略以促进婴幼儿的发展。

▲ 提供丰富的材料，以发展婴幼儿的精细动作

（1）保证婴幼儿每天有一定的户外活动时间，循序渐进地发展婴幼儿的坐、爬、站、走、跑、跳、平衡等大动作。在进行动作训练时，注意不可过度训练、超前培养。

（2）为婴幼儿提供操作玩具的机会，以发展其精细动作。提供玩具时应注意，同一品种的玩具数量宜多。

（3）利用阳光、空气、水等自然因素，选择室外空气新鲜的场所，引导婴幼儿进行体格锻炼，以提高他们对外界环境的适应能力。

（4）为婴幼儿创设良好的语言学习的环境，尽可能在日常生活中引导他们多开口，并提供适宜的图书。成人应注意发音要准确、语速要慢、语句要短，让婴幼儿能听到正确的语言范例，扩大言语经验。

（5）为婴幼儿创设良好的视听环境，让他们与环境积极互动，以发展感知能力。鼓励婴幼儿运用多种感官、多种方式操作游戏材料，以获

▲ 创设良好的语言学习环境，发展婴幼儿的口头语言和书面语言

▲ 鼓励婴幼儿积极与游戏材料互动

得各种感性经验，促进认知发展。

（6）成人应恰当地向婴幼儿表达自己对他的爱，满足其身心需求（如搂抱、抚摸肌肤、热情应答等）；鼓励婴幼儿积极回应，学会表达情感。

（7）鼓励婴幼儿主动与人打招呼，多与同伴共同游戏，让婴幼儿感受交往的愉悦；鼓励婴幼儿理解基本的社会行为规则，学习基本的礼貌行为。

（8）鼓励婴幼儿自己动手，学习吃饭、穿衣、整理玩具，初步培养其生活自理能力。

▲ 鼓励婴幼儿多与同伴共同游戏

在线练习

○ 过关练习 ○

I. 单选题

（1）婴儿（　　　）时，开始积极寻求与照顾者接近，对照顾者产生依恋。当依恋对象离开时，婴儿会表现得不安。

    A. 12个月   B. 五六个月

    C. 15个月   D. 3个月

（2）在语言发展方面，（　　　）左右的婴儿能说出少量的几个词。

    A. 12个月   B. 五六个月   C. 15个月   D. 3个月

（3）婴儿（　　　）左右，语言迅速发展，听说能力基本形成。

    A. 12个月   B. 15个月   C. 6个月   D. 36个月

（4）保教人员要培养2岁以上的幼儿控制大小便，并会主动用（　　　）来表示大小便。

    A. 动作   B. 语言   C. 哭声   D. 表情

（5）下列特点不属于2—3岁婴幼儿的年龄特征的有（　　　）。

    A. 喜欢音乐，能唱简单的歌曲   B. 尝试模仿，喜欢重复

    C. 自我中心倾向明显，出现反抗现象   D. 思维存在于动作之中

（6）婴幼儿能在不经意间记住很多事物，比如电视上的广告词，这说明（　　　）。

    A. 婴幼儿有意识记占优势   B. 婴幼儿无意识记占优势

    C. 婴幼儿注意力容易集中   D. 婴幼儿记忆力好

（7）在以下关于婴幼儿记忆发展的特点中，描述正确的是（　　）。

    A. 婴幼儿很容易记住看过的广告

    B. 相比数字而言，婴幼儿能先记住小兔跳

    C. 婴幼儿能背古诗但不懂含义

    D. 以上三项都是

（8）某婴幼儿在捏泥之前往往说不出自己要捏什么，只有在捏到某种形象之后才会说"苹果"、"大饼"等。该婴幼儿属于哪个年龄段（　　）。

    A. 2—3岁   B. 3—4岁   C. 4—5岁   D. 0—2岁

（9）两三岁的婴幼儿常常只考虑自己的需要和喜好，如果喜欢别人的玩具，就会上前去抢，不能满足时甚至会抓咬别人。这说明此时的婴幼儿（　　）。

    A. 自我中心倾向明显   B. 合作能力欠缺

    C. 喜欢平行游戏   D. 性格发展不良

（10）婴幼儿出现最初的独立性是在（　　）。

    A. 2—3岁   B. 3—4岁   C. 4—5岁   D. 5—6岁

（11）儿童在每个年龄阶段形成并表现出来的一般的、典型的、本质的心理特征被称为（　　）。

    A. 儿童发展的年龄特征   B. 儿童生理发展的年龄特征

    C. 儿童心理发展的年龄特征   D. 儿童身心发展的年龄特征

2. 简答题

（1）为什么2—3岁的婴幼儿容易和同伴发生争抢玩具的现象呢？发生这种情况时，成人该如何做？

....

....

....

....

（2）0—3岁是婴幼儿语言发展的关键期，请你为家长提供一些发展婴幼儿语言的合理建议。

....

....

....

....

学习活动 2　认识 3—4 岁幼儿

◎ 学习目标 ◎

☑ 能根据3—4岁幼儿在生活自理、动作、语言、认知、情绪情感、社会交往等方面的表现，总结该年龄段幼儿的身心发展特征。

☑ 能依据3—4岁幼儿的年龄特征，提出该年龄段的发展目标和教养指导策略。

☑ 能根据3—4岁幼儿教养活动的指导策略要求，对现实或视频中3—4岁幼儿的教养活动进行评析。

☑ 能理解3—4岁幼儿保教工作的重要意义，感受成人对幼儿身心发展的重要影响。

◎ 学习准备 ◎

☑ 学习材料：《学前心理学》(陈帼眉著，人民教育出版社)、《上海市学前教育课程指南》；走访调研表 (自制，格式不定)。

☑ 学习设备：照相机和录音笔等调研设备、互联网资源。

◎ 学习导语 ◎

　　孩子到了3岁，一般要完成一个"质的飞越"，即从自己的家庭走出来，来到复杂的大环境——幼儿园中，接触到更多的小伙伴。此时，幼儿的身体更加结实，精力也比以前更加充沛，可以连续活动5—6个小时，日间只需一次睡眠。这些都为幼儿适应幼儿园集体生活打下了基础。那么，在面对幼儿园这个大环境时，幼儿会怎样去适应呢？3—4岁幼儿有哪些年龄特征呢？我们又该如何根据幼儿的年龄特征开展保教活动呢？

▲ 小班幼儿在开心地做游戏

探索 1 3—4岁幼儿有什么特点呢?

（1）小调查。请你走进幼儿园，采访幼儿园的小班教师，然后完成表格。

小班幼儿年龄特征信息表

教师基本信息		
姓名：_____	教龄：_____ 年	性别：_____

维 度	年龄特征
动 作	
语 言	
思 维	
情 绪	
同伴关系	
兴趣爱好	

（2）小班幼儿在角色游戏活动中都喜欢到娃娃家玩。你观察过小班幼儿在娃娃家游戏时的特点吗？比如，他们喜欢扮演谁？喜欢做什么事情？想一想这些说明他们具有什么样的年龄特征。

....

....

....

（3）小班的乐乐，聪明可爱，但是也很调皮，经常让妈妈感到头疼。乐乐在玩好玩具后总是将玩具扔得满地都是。如果妈妈生气地对他说："你再扔扔看！"他便会更疯狂地接着扔。你知道乐乐为什么会这样吗？

....

....

....

（4）小班的幼儿已经会数数了，但在他们数数的过程中常会发生有趣的现象，如桌子上摆放了8个苹果，幼儿用手一个一个地点着数，明明嘴里数到了"8"，但当成人问他一共有几个苹果时，他却大声地说："5个。"为什么会这样呢？

....

....

....

（5）幼儿园小班开学的第二天，教室里哭声此起彼伏，有些第一天不哭、表现很好的孩子，第二天看到哭的孩子后也跟着哭起来了。为什么哭也会传染呢？请你说说看。

....

....

....

（6）佳佳自从上了幼儿园，回家后就喜欢模仿老师的样子给爸爸妈妈上课。她的言语行为就像是幼儿园老师的翻版，模仿得惟妙惟肖。到了幼儿园，她喜欢在娃娃家里模仿妈妈的样子烧菜做饭，还有逛街。你能解释佳佳的行为吗？

....

....

....

....

学习支持 1

★ 3—4岁幼儿的年龄特征

1. 生活范围扩大，生活能力增强

▲ 小班幼儿生活能力增强，会自己拉拉链

3—4岁幼儿自进入幼儿园后，他们便开始离开家人，接触更多的同龄人和成人，生活范围扩大了。进入集体生活后，幼儿的一个显著进步就是逐渐摆脱自我中心，学习按指令行动，能在教师的指导下，在游戏、生活、学习的不同环节逐渐提升生活自理能力，如自己用勺进餐，自己穿衣裤、拉拉链、解扣子，会穿不用系鞋带的鞋子，会自己洗手等，这表明3岁幼儿已开始能适应集体生活了。

2. 动作的平衡性、协调性、灵敏性增强

▲ 小班幼儿能熟练地骑三轮车

3—4岁的幼儿由于骨骼肌肉有了系统的发展，大脑的控制和调节能力增强，已经能掌握很多粗大动作和一些精细动作。比2岁幼儿有显著提升的是在跑、跳的技巧上，3—4岁幼儿能单脚站、单脚跳，喜欢跑、跳和踏小轮车等运动，动作开始协调，逐步学会自然、有节奏地行走。3岁初期的幼儿，在没有扶持的情况下上下楼梯，仍需双脚同时踏上同一台阶后再前进；3岁后期，大多数幼儿已会双脚交替上下楼梯。3—4岁幼儿动作的平衡性逐渐增强，能走低矮的平衡木。

3—4岁幼儿手部小肌肉的发展相对较迟，但双手协调技能有了较大发展，他们会折纸，会用蜡笔画画，也会使用剪刀沿线剪直条，动作逐步精细化了。

3. 行为易受情绪支配

3—4岁幼儿的行为易受情绪支配，且他们的情绪仍然很不稳定，容易冲动，常常会为了一件微不足道的小事哭起来。成人对他们讲道理，一般收效不大，但如果用有趣的事物或事情吸引他们，往往可以使他们忘记不安。此时的幼儿容易激动，哭泣时可能会浑身发抖，成人可以用温柔的声调安抚他们的情绪，等他们平静下来再进行说理教育。3岁后期

的幼儿已开始产生调节情绪的意识，但在实际行动上尚不能真正控制。

3—4岁幼儿仍然十分依恋父母和亲近的抚养者，一般刚入园的幼儿都会有入园焦虑，不愿上幼儿园。通常情况下，幼儿哭闹两三天就会适应幼儿园生活，少数幼儿会哭闹一周甚至一个月。幼儿来到幼儿园后，非常渴望看到教师的微笑，得到如拥抱等肌肤相亲的爱抚动作，他们能敏锐地感受到教师的关怀程度，会说"某老师喜欢我，某老师不喜欢我"。他们愿意和喜爱的教师接近，在喜爱的教师身边往往情绪愉快、行动积极。

▲ 小班幼儿情绪化明显，常为小事情突然生气

案例呈现

入园难的聪聪

早晨来园时，聪聪拉着妈妈坐在教室门口不愿进来。"十一"长假过去后，聪聪对幼儿园又陌生了。听到他的哭声后，我走到教室门口，拉着他的小手说："聪聪，老师好久没见你了，好想你的，你想老师吗？"他含着眼泪哽咽着对我说："想的。""小朋友们也都想你了，我带你进去和小朋友们打个招呼吧！"当我试图拉着他的小手离开妈妈时，他向后缩了过去，紧紧地贴着妈妈。"好吧，让妈妈再抱你1分钟，1分钟后就跟老师进去，好吗？""好的。"聪聪回答道。过了一会儿，我对他说："好了，1分钟到了，我们进去吧，跟妈妈说再见！"聪聪很不情愿地和妈妈再见，然后跟着我进了教室。

4. 游戏水平较低、游戏内容简单

3—4岁幼儿游戏的主题更多的是反映日常生活的琐事，喜欢模仿成人的动作，但他们对游戏内容的选择常常受周围事物（如玩具、材料）的直接支配，而不是从角色的分配来开始游戏。比如，看到烧菜用的"锅"时，幼儿就说"我是妈妈，我来做饭"；当周围没有这个"锅"时，幼儿往往不能玩烧饭的游戏。小班幼儿的游戏往往是对成人生活无系统的模仿，游戏规则

▲ 小班幼儿游戏水平低，建构能力弱

性不强，容易受外界事物的影响，游戏的兴趣转变较快，同一游戏不能坚持很长的时间，同伴间缺乏合作，平行游戏较多。

案例呈现

贪玩的妈妈

小班幼儿对娃娃家游戏非常感兴趣，早晨来园后会有很多幼儿一头扎进娃娃家不肯出来。但他们在娃娃家里都玩些什么呢？知道分配角色吗？我决定"参观"娃娃家。来到第一家，看到小宇怀里抱着小娃娃，我就问他："你抱的是谁啊？""是我家的宝宝，我是爸爸。""你是他爸爸啊，妈妈是谁啊？她在哪？""妈妈是雯雯，她去超市买东西了。""是嘛，爸爸在家要好好看宝宝啊！"显然，他们对娃娃家的基本角色已经掌握了，也能给角色分配任务了。过了一会儿，我看到雯雯回到娃娃家抱起了娃娃，但她随后用胳膊夹着娃娃跑出了娃娃家，在活动室里转来转去。我决定上前询问一番："雯雯，你是宝宝的妈妈吗？""是的。""你这样夹着娃娃，她会不舒服的。你说呢？""好，这样抱行吗？""你为什么把娃娃抱出来啊？""老师，我想去玩橡皮泥。"我听后觉得哭笑不得，这是一个"贪玩的妈妈"。

5. 认识依赖于行动

3—4岁幼儿的认识活动基本上是在行动过程中进行的，并且易受外部事物及自己情绪的影响，无意注意占优势。他们的注意很不稳定，也和行动紧密联系，要让他们注意一个事物，需要用手指着。如果此时幼儿手里还有其他物品，他们的注意力很容易被这个物品转移。由于有意注意水平低下，幼儿在观察时的目的性较差，常常东张西望，缺乏顺序性和细致性。幼儿不会有意识地识记某些事物，只有那些形象鲜明、具体生动或能引起他们强烈情绪的事物才易被他们记住。

3—4岁幼儿的思维大多由行动引起，一般是先做后想，或者边做边想，不会思考好后再做。他们的认识具体，只能根据外部特征来认识与区别事物，思维缺乏可逆性与相对性，因此不能理解反话。

3—4岁幼儿对成人话语的理解也往往

▲ 小班幼儿注意水平低，容易被新异刺激吸引

离不开具体的动作或图像，如让幼儿扮演小鸭子，教师需要给他们带上小鸭子的头饰，否则他们可能会忘记自己的角色。这说明他们的认识活动非常具体。

6. 移情能力开始发展

3—4岁幼儿的移情能力开始发展，他们开始学习站在他人的角度感受情境，理解他人的感情，如看到别人摔跤，会做出安慰、关心等行为。教师可以利用幼儿的移情能力，帮助攻击性强的幼儿体会被攻击幼儿的感受，从而达到教育的目的。

3岁幼儿对别人的意见和感情的反应敏感性增强，会察言观色。当幼儿因做错事而受到成人批评时，会感到害羞、难为情。这方面，女孩比男孩表现得更为明显。羞耻感的出现，为幼儿自觉遵守集体规则提供了基础。

▲ 安慰同伴

7. 好奇心强

3岁幼儿对周围世界表现出了浓厚的兴趣，喜欢向成人提出各种各样的问题，喜欢问为什么。幼儿此时对周围世界表现出来的好奇心和探究欲，有效促进了他们的认知发展。此时幼儿喜欢动手操作物体，并开始认真倾听、观察成人提供的物体，主动接近新奇的事物，探索其中的奥秘。

▲ 好奇心强，愿意探索新事物

8. 爱模仿

3岁幼儿非常爱模仿，喜欢模仿周围成人或年长孩子的言语行为，此时模仿是他们主要的学习方式，如在娃娃家玩游戏时，幼儿喜欢模仿妈妈烧饭、喂宝宝吃饭、穿衣等动作。与同伴游戏时，幼儿喜欢扮演同样的角色，模仿同伴的动作，因此在娃娃家的游戏中，常常会出现许多"妈妈"在烧饭的情况，他们对此感到很满足，并未感到不合理。

▲ 小班幼儿爱模仿同伴做游戏，平行游戏多

9. 语言发展迅速

3岁是幼儿语音发展的飞跃期，他们已基本掌握本地区语言的全部语音，只是有时发音还不够准确。他们的词汇量增加迅速，已掌握了大量的实词。3岁幼儿已能用

▲ 小班幼儿语言发展迅速，常在游戏中自言自语

▲ 小班幼儿的美术作品进入象征期

简单的言语与成人、同伴交往，能向别人表达自己的感受和需要，只是在语言表达时还不够流畅，会出现结巴的现象。这时的幼儿特别爱听故事，常常缠着父母在空闲时间讲故事，还喜欢一边听，一边学故事中小动物的动作和叫声。

10. 美术表现能力进入象征期

3岁以后，幼儿的绘画能力已从涂鸦期进入象征期，产生美术表现的愿望，会把线条、图形加以简单组合，以表达事物的大致特征。但是他们的绘画水平很有限，所能表达的图形很少，因此一形多义是这一时期幼儿绘画的特征，即相似的图形在不同的情景中表示不同的物体。绘画时，幼儿对鲜艳、明亮的色彩表现出偏爱。

11. 初步形成与生活有关的概念

3岁幼儿在已有生活经验的基础上，开始形成与生活有关的实物概念，但此时的概念还很具体，特指某项实物，如"猫"就特指家中的那只猫。此时幼儿对抽象概念仍不能理解。幼儿在操作物品的过程中，逐渐形成了对物品的一些属性的认知，如轻重、长短、粗细等。幼儿能手口一致地点数5个以内的物体，并能说出总数。

探索 2　3—4岁幼儿的发展目标是什么？

假如你是一位幼儿园小班的保教老师，你会为你班级的幼儿提出哪些发展目标呢？

....

....

....

学习支持 2

★ 3—4岁幼儿的发展目标

作为专业的保教人员，在开展教育教学的过程中，应该根据幼儿的年龄特征开展具体工作。针对3—4岁的幼儿，《上海市学前教育课程指南》提出了以下培养目标。

（1）有独立做事的愿望，学习正确洗手、穿脱衣服，自己用餐、喝水。

（2）能接受成人的建议和指示，知道遵守集体生活中的基本常规，体验与老师、同伴共处的快乐。

（3）会主动招呼熟悉的人，学习使用礼貌用语，在成人启发下能帮助他人。

（4）爱护玩具和物品，学习收拾与整理。

（5）了解身体主要部分的简单功能，知道避开日常生活中的危险。

（6）对体育活动感兴趣，尝试用各种材料和器械活动身体，学习一些基本运动方法。

▲ 幼儿学习收拾与整理物品

（7）喜欢观察周围环境中不同的物品，尝试对其进行分类、对应、排序等，发现其差异。

（8）用普通话表达自己的意思，喜欢翻阅图书。

（9）喜欢做音乐游戏，能感受游戏中节奏、旋律的显著变化，并随之变换动作。

（10）尝试用多种材料和工具，运用画、折、搭、剪、贴等方法自由地表现熟悉物体的粗略特征，并作简单想象，体验乐趣。

探索 3 如何促进 3—4 岁幼儿的全面发展？

（1）在了解小班幼儿的年龄特征后，你认为可以采取哪些措施来促进他们的全面发展呢？

（2）观看一段小班幼儿的活动视频，试评析视频中保教人员的教育教学行为。

微课视频
小班幼儿活动

学习支持 3

★ 促进3—4岁幼儿全面发展的教育策略

▲ 创造适宜的环境能激发幼儿参与游戏的兴趣

▲ 多与幼儿交谈，耐心回答幼儿的问题

▲ 提供合适的材料，发展幼儿的精细动作

针对3—4岁幼儿的年龄特点，幼儿园和家庭可以采取如下教育策略，以促进幼儿的全面发展。

（1）帮助幼儿尽快适应幼儿园集体生活，形成遵守集体生活规则的意识。

（2）创设适宜的环境，为幼儿进行独自游戏、平行游戏以及同伴间的合作游戏创设条件和机会；鼓励幼儿积极参与各类集体活动。

（3）面对幼儿的情绪化行为，要正确分析，认真对待，满足幼儿的合理要求。

（4）为幼儿提供充裕的户外活动时间，让他们从事各类户外活动，发展肢体协调能力，培养运动技能，使他们喜爱运动。

（5）在一日活动中帮助幼儿初步形成生活自理能力，鼓励幼儿学会自己穿衣、吃饭、大小便、整理玩具等。同时为幼儿提供练习和表现自己新获得的自理技能的机会，以实现他们想帮助成人做事的愿望。

（6）多与幼儿交谈，耐心回答幼儿的反复提问，满足其好奇心；鼓励幼儿观察周围事物，培养其探究兴趣。

（7）为幼儿提供适宜的材料，有序地发展幼儿的精细动作。

（8）鼓励幼儿通过绘画、音乐、舞蹈等方式表达表现自己，支持其在美术、构造等活动中以自己的方式表现对材料和工具使用的探索过程，并尊重其对作品的夸张和命名的创造行为。

（9）成人应关注自己的言行举止，为幼

儿树立良好的可供模仿的榜样。

（10）家园联系，及时沟通，形成教育合力，共同促进幼儿发展；帮助家长认识此阶段幼儿的身心发展特点，指导家长合理养育。

-------------------------- ◎ 过关练习 ◎ --------------------------

Ⅰ.单选题

（1）不符合3—4岁幼儿语言发展特点的有（   ）。

    A. 会说简单的句子   B. 基本掌握本地区语言的全部语音

    C. 词汇量丰富   D. 语言组织能力不强，说话容易断断续续

（2）3—4岁幼儿产生了美术表现的愿望，下列不属于此阶段幼儿在美术表现上的特点的是（   ）。

    A. 美术能力的发展处于涂鸦期

    B. 会把线条、图形加以简单组合，以表达事物的大致特征

    C. 一形多义

    D. 常常边画边用语言来补充画面内容

（3）下列不属于3—4岁幼儿游戏的特征有（   ）。

    A. 喜欢玩平行游戏

    B. 模仿能力强

    C. 同伴交往、互动、合作能力较强

    D. 游戏材料品种要少，同一品种的材料要多

（4）3—4岁的幼儿常常会因为小事情哭闹，如果成人用其他有趣的事物转移其注意力，他又会破涕为笑，这说明此时的幼儿（   ）。

    A. 情绪不稳定，行为受情绪支配   B. 任性

    C. 缺乏管教   D. 容易满足

（5）看到别人的爸爸是警察，就想象自己的爸爸也是警察，会抓坏人，这反映了幼儿（   ）的年龄特点。

    A. 想象和现实混淆

    B. 规则意识萌芽，是非观念较模糊

    C. 已形成与生活经验有关的概念

    D. 对他人情感的反应敏感性增强

（6）以下不属于3—4岁幼儿年龄特征的是（　　　）。

　　A. 初步形成与生活有关的概念

　　B. 有意性行为开始发展，能接受任务并完成

　　C. 移情能力开始发展

　　D. 生活范围扩大，生活能力增强

（7）三四岁的幼儿在做错事受到成人批评时，会感到害羞、难为情，这说明幼儿出现了(　　　)。

　　A. 羞耻感　　　　　　B. 理智感　　　　　　C. 美感　　　　　　D. 意志力

2. 案例分析题

（1）3岁半的小萱今年开始上幼儿园了，但是在开学的第一天，爸爸妈妈就遇到了麻烦，小萱哭闹着不肯上学，一连几天都是如此。小萱为什么会出现这种情况呢？请你为小萱的爸爸妈妈支招吧！

....

....

....

（2）浩浩今年3岁4个月。上了幼儿园后，浩浩是老师心目中较为头疼的孩子。他基本没有生活自理能力，吃饭穿衣都要老师帮忙。上课时也经常随意走动，和其他幼儿相处时也常发生争抢现象。妈妈非常头疼，你能为浩浩妈妈提供一些建议吗？她该怎么做？

....

....

....

学习活动 **3**　认识 4—5 岁幼儿

○ **学习目标** ○

- ☑ 能根据4—5岁幼儿在生活自理、动作、语言、认知、情绪情感、社会交往等方面的表现，总结该年龄段幼儿的身心发展特征。
- ☑ 能根据4—5岁幼儿的年龄特征，提出该年龄段的发展目标和教养指导策略。
- ☑ 能根据4—5岁幼儿教养活动的指导策略要求，对现实或视频中4—5岁幼儿的教养活动进行评析。
- ☑ 能理解4—5岁幼儿保教工作的重要意义，感受成人对幼儿身心发展的重要影响。

○ **学习准备** ○

- ☑ 学习材料：《学前心理学》（陈帼眉著，人民教育出版社）、《上海市学前教育课程指南》；走访调研表（自制，格式不定）。
- ☑ 学习设备：照相机和录音笔等调研设备、互联网资源。

○ **学习导语** ○

　　4—5岁的幼儿已经基本适应了幼儿园的生活，升入幼儿园中班。他们已初步具备生活自理能力，对幼儿园的一日活动环节已熟悉，对教师产生依恋，熟悉本班幼儿，同伴关系初步稳定。该年龄段的幼儿在生理上进一步成熟，特别是神经系统进一步发展，兴奋和抑制过程都有较大提高，表现为不像以前那么容易疲劳，能积极参加各种活动，集中精力从事某种活动的时间也有所延长。由于4—5岁幼儿神经系统的抑制能力有所提高，因此，他们的动作比以前更灵活，而且更有条理。

　　许多研究表明，4岁以后的幼儿的心理发展出现了较大飞跃，那么该年龄段幼儿在身心发展过程中有哪些独特的表现？我们又该如何根据幼儿的年龄特征开展保教工作呢？

探索 1 ｜ 4—5岁幼儿有什么特点？

（1）小调查。请你走进幼儿园，采访幼儿园的中班教师，然后完成表格。

中班幼儿年龄特征信息表

教师基本信息		
姓名：_____	教龄：_____年	性别：_____

维 度	年龄特征
动 作	
语 言	
思 维	
情 绪	
同伴关系	
兴趣爱好	

（2）分别观看一段小班、中班幼儿的角色游戏视频，说说他们在游戏中表现出的异同点。

微课视频
小班、中班幼儿
角色游戏

（3）畅畅4岁3个月，是一名幼儿园中班的孩子。畅畅妈妈最近遇到了一件令她困惑的事情，她在教畅畅做数学加减法的时候，如果分别出示4辆小汽车和3辆小汽车，问畅畅共有几辆小汽车时，畅畅能说出正确的结果。但当妈妈写出算式"4+3=？"时，畅畅又无法给出正确答案。针对畅畅的这一情况，你能给出合理的解释吗？

（4）妈妈发现畅畅自从上了中班后，特别喜欢和同龄的伙伴一起玩。每天放学后就在小区里和伙伴在一起，直到天黑也不愿回家。虽然有时候也会和伙伴们闹矛盾，但他们已经开始学习自己解决矛盾了。这说明了什么呢？

（5）小雪老师是刚入职两年的新教师，随着幼儿从小班升入中班，她发现孩子们在很多方面好带多了，但也出现许多让她烦恼的事情。比如，孩子们明显比小班的时候爱告状，时不时就会有孩子跑过来向她告状，基本上都是一些可以忽略不计的小事情，这让她疲惫不堪。你知道中班的孩子为什么爱告状吗？怎样应对孩子的告状行为呢？

学习支持 1

★ 4—5 岁幼儿的年龄特征

1. 有意性行为开始发展，能接受任务并完成

3—4岁幼儿的行为往往受情绪支配，意志力较差，不能完成成人布置的任务。到了4岁以后，幼儿在集体生活中行为的有意性增加了，他们能接受成人的指令，完成一些力所能及的任务。在日常生活中，4岁以后的幼儿对于自己所担负的任务已具有初步的责任感。在班级里，他们能学做值日生，为班级的自然角浇水，帮助教师摆放桌椅、餐具，以及餐后清理桌面等。在家里，他们能够收拾自己的玩具、用具，并能帮助家人捡菜、收拾碗筷、折叠衣服等。4岁以后的幼儿之所以能接受并完成任务，这和他们思维的概括性和心理活动有意性的发展有密切关系，他们能理解任务的含义和意义，同时行为的目的性、方向性和控制性都有所提高。

▲ 幼儿能接受并完成任务，学做值日生

2. 活泼好动，动作发展更加完善

幼儿都是活泼好动的，尤其在幼儿园中班时期。此时的幼儿精力更加充沛，身体更加强壮，动作比小班幼儿灵活许多。脑子里的主意更多了，游戏的玩法更灵活，这就对中班的教师提出了更高的要求，需要更加注意教育的内容和方法。中班幼儿的神经系统进一步发展，兴奋和抑制过程都有较大提高，不像以前那么容易疲劳了，能较长时间地集中精力做一件事情。

4岁幼儿的身体开始结实，体力增强，基本动作更为灵活，可以自如地跑、跳、攀登、单足站立，会抛接皮球、骑小车等，运动的兴趣和运动的持久性都有所增加。手指动作比较灵巧，精细动作进一步发展，能够熟练地穿脱衣服、扣纽扣、拉拉链，能学习系鞋带、折纸、穿珠、拼插塑积等。动作质量明显提高，灵活性和持久性进一步发展。

▲ 幼儿的粗大动作和精细动作发展得更加完善

3. 思维具体形象

小班幼儿的思维具有行动性，中班幼儿则依靠表象进行思维。如在计算物体数量时，中班幼儿可以不用手指点着物体逐个数，但是头脑中必须有物体的形象，不能依靠抽象的概念。在计算几加几是多少时，他们需要有具体的实物摆在面前，或者头脑中有这些实物的表象，还不能用抽象的数字完成加减运算。

在理解成人语言时，4—5岁幼儿也时常凭借自己的具体经验，如当教师问到家里哪些物体是家具时，幼儿可能首先想到的是他吃饭的桌子。此时的幼儿在已有的感性经验的基础上，开始能对具体事物进行概括分类，分类的根据可以是具体事物的表面属性（如颜色、形状等），但已不满足这个层次，他们还会根据事物的用途、材料性质、功能或情景等来分类。例如：幼儿会把苹果、桃、梨归为一类，认为这些是"水果"；把汽车、地铁、火车等归为一类，统一称为"交通工具"；把风扇、冰激凌、凉席等归为一类，因为这些

物品都是夏天使用的。

4. 语言表达能力增强，能独立表述所见所闻

4—5岁幼儿的词汇丰富，语句流畅，喜欢与教师和家人交谈，能够独立表述生活中所见的事物，能完整地讲述故事。与人交谈时，幼儿能根据对方的情况，自动调节自己的语言，体现出一定的语用技能，如对小妹妹说话时会放慢语速，选用简单的词汇和语句，对爸爸说话时则用复杂的语句和正常的语速。

5. 同伴交往能力提升，共同游戏水平提高

▲ 与同伴交往的能力有所提升，能合作进行游戏

4岁的幼儿不再总是黏着成人，他们开始喜欢和同伴一起玩耍。在活动中他们逐渐学会了交往，能与同伴共同分享快乐，有较为稳定的同伴关系；还获得了领导同伴及服从同伴的经验，在与同伴玩耍的过程中开始尝试自己解决问题。

4岁幼儿的游戏水平有明显提升，他们能自己组织游戏，自己制定游戏主题，分配游戏角色，不再像小班幼儿那样做平行游戏，各玩各的。中班幼儿的游戏内容更加多样化，情节也丰富很多，还出现了以物代物等游戏行为，如他们会用纸条代替面条、用雪花片代替钱币等，游戏表征水平有了提高。幼儿在游戏中，多数反映的是生活中经历的事情，有时也会反映看过的动画片或图书。

案例呈现

大排档里的"难题"

早晨的区角游戏中有个大排档，最近大排档总是人满为患，厨师们忙着烧制各种可口的饭菜，顾客们坐满了小桌子，有的还在等待。原本放置了10把椅子，但每天都会不够坐。今天早上，豆豆和艾佳见大排档的座位不够了，就从别处搬来了两把椅子，其他孩子见了，也纷纷仿效起来，把大排档挤得水泄不通。小季见了对我说："张老师，大排档的人太多了，很吵，应该派人来管一管。"我对小季说："你的想法很好，那么怎么来管理呢？"小季摇了摇头跑开了。在游戏讲评环节，我把这一问题抛给了幼儿。孩子们相互讨论起来，后来达成一致——买票入座，即进入大排档需要买票，票卖完了就不能让人进来了。由此，大排档中新增了一个角色——售票员。孩子们利用小积木制作票子，大排档变得井然有序了，但生意依然很好。

我来烧鱼啦

一天，小季做娃娃家的妈妈，她说："今天要请客人吃鱼。"围绕烧"鱼"这个游戏，她完成了一系列复杂的操作程序：买鱼—杀鱼—刮鱼鳞—切鱼—烧鱼—装盘。在整个游戏过程中，她还克服了缺少玩具的困难，例如：没有刀时，她在玩具堆里找来了三角形的塑料拼板来当替代品；烧鱼时，她把绿色的皱纹纸撕碎，当作葱花。一盘美味的红烧鱼做成了。

6. 开始学习控制情绪

4岁幼儿的情绪较3岁幼儿更加稳定，他们的行为受情绪支配的比例在逐渐下降，开始学习控制自己的情绪。在和家人分离时，当家人告知去哪里，什么时候回来后，幼儿会表现得较为平和，不再像小班时情绪波动得那样明显，大哭大闹。当看到自己喜爱的玩具时，他们也不再像两三岁时那样吵着要买，而是能听从成人的要求，并用语言自我安慰："我下次表现好了，妈妈就会买给我的。"遇到喜欢看的动画片时，也可以和家长制定规则，如每天看10分钟，当家长提出时间到了要停止时，幼儿虽然会不开心，但也不会情绪失控。在幼儿园里，同伴间发生争执时，幼儿也能开始控制自己的情绪和行为，尝试用语言来解决冲突，不再像小班那样大打出手。

7. 认知发展较快，理解事物能力增强

中班幼儿已能理解生活中常见的自然现象，如白天、黑夜会交替出现，一年有四季等。对事物的理解能力增强，可以用形状、数字来描述生活中的物品，开始理解环境中各种数字的含义；在数量方面，能自如地数数（1—10）。在时间概念上，能分辨早、中、晚。在空间概念上，能区别上下、前后、里外、中间、旁边等位置。对物体属性有初步的认识，会区分轻重、厚薄、粗细等，能将物品按一定规律排序。初步理解周围世界

▲ 中班幼儿开始认识周围生活中的自然现象，如感受瓶子中的空气

中表面的、简单的现象和因果关系，如：盐、糖放到水里会溶化，种子种在土里会发芽等。

8. 想象力丰富，尝试用各种方式表达表现

4—5岁的幼儿活泼、好动，富于想象，能在游戏中展示丰富的想象力和创造力。他们开始通过多种方式来表达表现，如通过绘画、表演、讲故事等形式表现自己。喜欢涂涂

画画，能用黏土或橡皮泥捏出一些形状和物体，如：圆形、西瓜、苹果、香蕉等。他们开始愿意在集体中讲述故事，并加上自己的想象。喜欢唱唱跳跳，愿意参加歌唱、律动、舞蹈、表演等活动。这一时期的幼儿在表达自己的想法时，经常要用手势、表情一起帮助表达与创造。

▲ 中班幼儿的绘画作品体现出了幼儿丰富的想象力

案例呈现

美丽的菊花展

在进行菊花展的教学活动时，我请孩子们收集了橘子皮、陈皮、纸杯、包装绳、广告纸等，让他们用这些材料制作菊花。孩子们充分发挥想象力，有的先在包装纸、橘子皮上印一个圆，在圆的周围剪出条状花瓣，制作成菊花；有的将纸杯的杯壁剪成一个个花瓣，然后涂上漂亮的颜色做出菊花；有的将广告纸剪成一条条的，然后重叠粘贴起来做成菊花。所有的菊花放在一起展览，美丽极了！

▲ 美丽的菊花展

探索 2 4—5岁幼儿的发展目标是什么？

假如你是一位幼儿园中班的保教老师，你会为你班级的幼儿提出哪些发展目标呢？

学习支持 2

★ 4—5岁幼儿的发展目标

作为专业的保教人员，在实施教育教学的过程中，应该根据幼儿的年龄特征开展具体工作。针对4—5的幼儿，《上海市学前教育课程指南》提出了以下培养目标。

（1）学会正确地刷牙和使用筷子、手帕、毛巾、便纸等，对自己能做的事表现出自信。

（2）有初步的同情心和责任意识，关注同伴，完成力所能及的任务。

（3）爱父母、老师、长辈。了解他们的职业与自己的关系，尊重他们的劳动。

（4）理解和遵守日常生活中的规则，学习控制自己的情绪和不宜行为。

（5）了解人的身体和年龄变化，能配合疾病的预防和治疗，对危险的标志与信号能较及时做出反应。

（6）通过尝试、模仿、练习，使动作轻松、自然、协调。

（7）亲近自然，学习用简单的观察方法，有目的地感知周围自然物和自然现象，初步发现自然的变化对人类和动植物的影响。

（8）结合日常生活，学习并识别数字，初步理解数量、重量、颜色、质地、距离、方位和时间等概念，学习比较和测量等方法。

（9）学习结伴、轮流、请求、商量等方式与人交往。注意倾听、理解他人意思，积极地表达自己的主张。

（10）喜欢阅读，初步理解其表达的内容。学习欣赏各种中外儿童艺术作品，初步留意周围符号的意思。

（11）愿意尝试使用各种材料、工具和方法，进行拼装、拆卸、制作和绘画，有初步的想象能力，体会成功的快乐。

（12）在游戏中愿意用动作、歌声、语言等表现所理解的事物和自己喜欢的角色。

探索 3　如何促进4—5岁幼儿的全面发展？

（1）在了解中班幼儿的年龄特点后，你认为可以采取哪些措施来促进中班幼儿的全面发展呢？

....

....

....

....

（2）观看一段中班幼儿活动视频，试评析视频中保教人员的教育教学行为。

....

....

....

....

微课视频
中班幼儿活动

学习支持 3

★ 促进 4—5 岁幼儿全面发展的教育策略

针对4—5岁幼儿的年龄特点，幼儿园和家庭可以采取如下教育策略，以促进幼儿的全面发展。

（1）幼儿园需要创设一个内容丰富、稳定有序的活动环境。中班幼儿学习和游戏的能力增强，对外界有较强的求知欲，丰富稳定的活动环境有助于幼儿积极参与活动。

（2）幼儿之间发展差异显著，针对差异，家长切勿攀比，应关注幼儿自身的纵向发展。幼儿园在活动安排中应考虑到不同水平幼儿的需要，提供不同层次的活动内容和材料。

（3）中班幼儿热衷于角色游戏。幼儿园应充分保证幼儿角色游戏的时间、空间和材料，满足幼儿在游戏中宣泄、交往、模仿和创造的需要，鼓励幼儿的想象和替代等行为，发展幼儿的同伴合作能力。

（4）中班幼儿的责任意识逐渐增强，生活能力逐渐从关注个体发展到帮助他人。家长和幼儿园应为每个幼儿提供为他人服务、为集体做事的机会。例如，在家可以帮助父母做家务，在幼儿园可以参与环境的布置、做值日生等，使幼儿在完成任务的过程中体验成功感。

（5）中班幼儿好奇心强、爱动，成人要针对这一特点有目的地带领幼儿走进大自然、走进社区，提供可供幼儿观察、探索外界事物的机会，组织幼儿进行参观访问、观察发现等活动，指导幼儿用感知、实践、交流等多种方式进行综合学习，积累感性经验。

▲ 中班幼儿热衷于角色游戏

▲ 中班幼儿责任意识增强，喜欢做值日生

▲ 设立自然角，让幼儿体验种植过程，满足其好奇心

（6）生活中注重培养幼儿的倾听和表达技能，在与同伴和成人的交往中引导幼儿掌握结伴、轮流、请求、商量等人际交往方式，同时学会积极地表达自己的主张。鼓励幼儿阅读，掌握简单的阅读技能，培养阅读兴趣。

（7）有意识地引导幼儿发展自我控制能力，包括对情绪的控制和行为的控制。教师要用正面鼓励的方法来引导，例如：为幼儿树立榜样，表扬幼儿做出的成人所期望的行为，引导幼儿参加受欢迎的活动，制定明确的规划等。

（8）中班幼儿爱告状的特点让很多教师苦恼不已，针对这一点，教师要及时表明态度，引导幼儿进行自我分析，在适当的时机指导幼儿学习解决问题的方法。

（9）家园要保持良好沟通，对幼儿发展中出现的问题和特殊现象，教师和家长都要有耐心，保持教育的一致性，共同商讨解决问题的办法，同时要对幼儿充满期待。

▲ 鼓励幼儿阅读，培养其阅读兴趣

------------------------------------ ○ 过关练习 ○ ------------------------------------

在线练习

1. 单选题

（1）小静在商场看到自己喜欢的玩具，但是妈妈没有给她买，小静安慰自己说："家里已有许多玩具了，我不买了。"据此判断小静属于哪个年龄段（　　　）。

　　A. 2—3岁　　　　　　B. 3—4岁　　　　　　C. 4—5岁　　　　　D. 0—2岁

（2）看见好朋友小杰摔跤哭了，丁丁忙跑过去安慰他，还很关切地问小杰疼不疼，据此判断丁丁属于哪个年龄段（　　　）。

　　A. 2—3岁　　　　　　B. 3—4岁　　　　　　C. 4—5岁　　　　　D. 0—2岁

（3）自主游戏时，天天常常能在游戏前和同伴商量角色，游戏中能合作交流。这说明天天处在（　　　）年龄段。

　　A. 2—3岁　　　　　　B. 3—4岁　　　　　　C. 4—5岁　　　　　D. 0—2岁

（4）走在马路上，幼儿能在不经意间注意到很多成人忽视的事物，但当成人要求幼儿注意某事物时，幼儿又往往无法观察到，这说明幼儿（　　　）。

　　A. 无意注意占优势　　B. 有意注意占优势　　C. 注意力分散　　D. 注意力短暂

（5）4—5岁的幼儿在做计算时，需要依靠具体的实物或者表象进行，说明此时幼儿的思维处于（　　）阶段。

    A. 具体行动性　　　　　B. 具体形象性　　　　　C. 抽象逻辑性　　　　D. 具体思维

（6）在（　　）阶段，幼儿开始认识事物的属性。

    A. 直觉运动思维　　　　B. 具体形象思维　　　　C. 抽象逻辑思维　　　D. 形式运算思维

（7）老师要求苗苗把太阳、卷心菜、菠菜分类，苗苗把太阳、卷心菜归成一类，认为都是圆的，这说明苗苗（　　）。

    A. 对事物的理解力逐渐增强

    B. 思维存在于动作之中

    C. 抽象逻辑思维初步发展

    D. 思维具体形象，根据事物的表面属性概括分类

（8）妈妈问小军，幼儿园里最棒的小朋友是谁，小军说是欣欣，因为老师总是表扬欣欣。这说明小军（　　）。

    A. 是非观念较模糊　　　　　　　　　B. 对事物的理解力逐渐增强

    C. 具有丰富、生动的想象力　　　　　D. 已形成与生活经验有关的概念

2. 案例分析题

（1）小丽今年4岁，玩过玩具后不喜欢收拾整理。妈妈对她说："你真傻，自己的玩具都不爱惜。"小丽回答说："我又不是饭，怎么会撒呢？"小丽把"傻"和"撒"混淆，这说明她的思维发展具有什么特点？

（2）幼儿园中班的畅畅，聪明又可爱。最近他的问题越来越多：太阳晚上去哪了，小鸟有妈妈吗，天上的云是什么味道的等。妈妈认为畅畅的问题太多，感到很烦，有时候就懒得搭理他。为什么畅畅最近的问题越来越多呢？妈妈应该怎么做呢？

认识 5—6 岁幼儿

○ 学习目标 ○

☑ 能根据5—6岁幼儿在生活自理、动作、语言、认知、情绪情感、社会交往等方面的表现，总结该年龄段幼儿的身心发展特征。

☑ 能依据5—6岁幼儿的年龄特征，提出该年龄段的发展目标和教养指导策略。

☑ 能根据5—6岁幼儿教养活动的指导策略，对现实或视频中5—6岁幼儿的教养活动进行评析。

☑ 能理解5—6岁幼儿保教工作的重要意义，感受成人对幼儿身心发展的重要影响。

○ 学习准备 ○

☑ 学习材料：《学前心理学》（陈帼眉著，人民教育出版社）、《上海市学前教育课程指南》；走访调研表（自制，格式不定）。

☑ 学习设备：照相机和录音笔等调研设备、互联网资源。

○ 学习导语 ○

　　5—6岁的幼儿处于学前晚期，属于幼儿园大班阶段。这时期的幼儿会给人留下"小大人"的感觉，和他们沟通不再需要故意放慢语速，或使用夸张的语气语调。他们的语言表达和理解能力较强，能够绘声绘色、完整地讲述一个故事，抽象能力开始萌芽，好学好问，这些都为他们进入小学做好准备。大班幼儿的情绪逐渐稳定，个性开始形成，看问题有自己的观点和意见，这些都说明他们的心理活动已经开始形成系统。在本学习活动中，我们将深入了解5—6岁幼儿的年龄特征，以及如何根据他们的年龄特征开展保教工作。

探索 1 ┊ 5—6 岁幼儿有什么特点呢?

（1）小调查。请你走进幼儿园，采访幼儿园的大班教师，然后完成表格。

大班幼儿年龄特征信息表

教师基本信息	
姓名：_____　　　教龄：_____年　　　性别：_____	

维 度	年龄特征
动 作	
语 言	
思 维	
情 绪	
同伴关系	
兴趣爱好	

（2）观看一段大班幼儿游戏的视频，说说他们在游戏过程中的特点。

....

....

....

....

微课视频
大班幼儿游戏

（3）乐乐今年5岁半，聪明又可爱，小脑袋里装满了稀奇古怪的问题。"太阳为什么会发热呢？""我是怎么来的呢？""打雷时的闪电和家里用的电一样吗？"他的很多问题妈妈已经没办法回答。乐乐的行为说明了该年龄段的幼儿具有什么样的特点呢？

....

....

....

....

....

（4）带过幼儿园大班的教师都知道，大班的幼儿既好教又不好教，你知道好教表现在哪些方面？不好教又表现在哪些方面？

....

....

....

....

....

（5）大班幼儿即将升入小学，幼儿园和家庭要不要做些幼小衔接的工作呢？需要的话，应该从哪些方面入手呢？

....

....

....

....

....

学习支持 **1**

★ 5—6岁幼儿的年龄特征

1. 好学、好问，求知欲强

5岁以后，幼儿在好奇心方面表现得和以前大有不同，他们不再满足于了解事物的表面，而是要刨根问底，表现出很强的求知欲。他们不仅爱问"是什么"，更想知道"怎么来的"、"什么做的"、"为什么这样"。他们的问题几乎涉及天文、地理、生物、化学等各学科，喜欢探究事物内部的奥秘。比如，他们常常会提出这样的问题："鱼儿为什么能在水里游？离开水后鱼儿为什么会死去？""磁铁为什么能吸住东西？"有的幼儿喜欢把玩具拆开探索

▲ 大班幼儿对事物有着浓厚的探索欲望

其中的奥秘，他们开始对自然现象的起源和机械运动的原理等产生兴趣，渴望得到科学的答案。

2. 抽象逻辑思维萌芽，开始理解周围世界中比较隐蔽的因果关系

大班幼儿的思维总体上还是具体形象的，但抽象逻辑思维开始萌芽。随着抽象逻辑思维的发展，他们开始能根据事物的本质属性进行初步的概括分类，比如给他们提供饮料瓶、废旧纸盒、树叶、使用过的餐巾纸、一次性餐盒、香蕉皮等垃圾，让他们对这些垃圾进行分类，他们会依据可回收和不可回收的标准进行分类。这说明5岁以后的幼儿开始能依据事物的内部属性进行分类，表明他们已开始掌握类概念。然而，由于受知识、语言、抽象概括水平的制约，这一阶段的幼儿对类概念的掌握还是比较初级的、简单的，还不能掌握类概念全部的精确含义，缺乏进行高一级抽象概括的能力。

5—6岁的幼儿在观察图片时也会进行逻辑推理，比如能依据图片中树叶的颜色、花朵的开放等判断季节，说明他们能注意图片的细节，根据这些细节进行推理。

此时的幼儿开始能从内在的隐蔽原因来理解各种现象的产生。例如，在解释哪

▲ 大班幼儿抽象逻辑思维开始萌芽

些物体能浮在水面上时说："积木是塑料的，塑料的物体很轻，会浮在水上，石头很重，会沉到水底。"这说明幼儿已能从物体的材质上来判断沉与浮，而不是从大小或者形状上来判断。但由于周围现象中的因果关系比较复杂，即使到了5—6岁，幼儿对不同现象中因果关系的理解水平也不可能一致，而且对日常生活中所不熟悉的复杂的因果关系也还很难理解。

◀ 大班幼儿逻辑思维开始萌芽

案例呈现

有趣的瓶子

在科学区探索运动轨迹的活动中，我投放了各种各样的瓶子。孩子们拿着瓶子开始玩起来，不同形状的瓶子从斜坡上滚到地上后的轨迹也往往不同。睿睿惊奇地发现，一个两头不一样大的牛奶瓶一滚下去就向右边转弯了，而一个圆柱形的易拉罐却会一直笔直地向前滚。为了证实自己刚刚看到的现象，他又将两个瓶子轮流滚了一次，的确是这样。然后，他将两个瓶子一起放在了斜坡上，同时放手，瓶子滚出了两个轨迹，他头不停地转动，看看这个，看看那个。等它们都停下来了，睿睿马上捡起两个瓶子拿在手里，仔细地看了好久，似乎明白了什么。

3. 自我意识明显发展，自我评价能力提高

5岁的幼儿通过游戏、同伴互动、与成人交往等方式，对自己有了更多的认识，在各种活动中慢慢学会了解别人，学习如何使自己适应别人，还开始学习把自己的行为与别人的行为进行比较。在成人的帮助下，他们开始学习评价别人的行为和自己的行为，自我意识明显发展。

这一时期，随着自我实践经验的积累，幼儿的自我评价能力得到提高，变得较为独立、客观、多面和深入。幼儿的自我评价从依从性评价向独立性评价发展，他们不再轻信别人的评价，当

▲ 大班幼儿作品：我自己

别人的评价与幼儿的自我评价不一致时，他们会提出申辩。这与幼儿园小班和中班时期完全听从教师和家长的评价明显不同。大班幼儿的自我评价也从局部性评价向全面性评价发展，如大班幼儿在评价自己时会说："我会讲故事，但画画不行。"

4. 情绪情感的稳定性增强，自我调节能力提升

大班幼儿的情绪已不像小、中班那样容易变化，情绪的冲动性逐渐减少，不愉快的情绪有时会持续较长时间，比如有的幼儿在受到教师批评后会长时间闷闷不乐。

大班幼儿的情感虽然仍会因外界事物的影响而发生变化，但他们情感的稳定性开始增强，对事物表现出了稳定的兴趣和爱好。

大班幼儿对情绪的自我调节能力逐步发展，开始能够有意识地控制自己情感的外部表现，如打针时能忍着痛不哭。此时，由社会需要而产生的情感也开始发展，如被同伴排斥或作品被忽视时会感到伤心、不安。而当让他们照顾比自己小的孩子时，会表现得很尽职。

5. 同伴关系稳定，合作意识增强，规则意识开始形成

在相互交往中，大班的幼儿有了相对稳定的好朋友，他们共同游戏、共同学习，有的甚至形影不离。此外，该年龄段幼儿的合作意识逐渐增强，他们常能三五个小朋友一起确定游戏主题，进行角色分配和任务分工，也能明白游戏中需要遵守公平和个人要服从集体等原则。在学习中，该阶段幼儿也体现出了较强的合作能力，此时小组合作的学习形式能顺利开展并能取得良好的效果。

▲ 大班幼儿同伴关系稳定，能合作完成一个作品

大班幼儿的规则意识逐步形成，他们开始控制自己的行为，使自己的行为符合集体生活的要求，遵守集体的共同规则。例如，大家轮流充当值日生、上课发言要举手等。大班幼儿开始喜欢规则性游戏，如棋类游戏等。对在活动中违背规则的行为，幼儿常常会"群起而攻之"。但这一时期的幼儿对于规则的认识还没有达到自律的要求，规则对幼儿来说是外在的，因此，幼儿在规则的实践方面还会表现出自我中心。

6. 生活自理能力明显提高，具有一定的责任感和劳动意识

大班幼儿在生活自理方面更独立了，他们吃饭、穿衣可以独自完成，会铺床、

▲ 大班幼儿规则意识较强，能开展棋类游戏

▲ 大班幼儿责任意识强，能较好地完成教师分配的任务

叠被子，饭后会帮助成人收拾碗筷、擦桌子等，能熟练用筷子吃饭、夹菜，也能不影响别人，安静地入睡。

大班幼儿已经能够认真对待自己的职责，如在幼儿园能认真履行值日生的工作职责，能感受到值日生的荣誉感。他们能将劳动与游戏分开，对劳动持认真态度，关心劳动结果，也能初步理解一些劳动的社会意义。他们喜欢被成人看作"小大人"，乐于参与成人的劳动，在家里会扫地、擦桌子、整理自己的用品。比起小、中班时期，大班幼儿的劳动意识明显增强。

7. 表现、表达能力增强

大班幼儿表现欲望强烈，他们会用多种方式表达自己的想法。例如：在美工活动中会用多种工具进行绘画创作；在音乐活动中会通过歌舞、乐器、语言等方式表达自己对音乐的理解；外出参观后会用绘画、建构等方式反映自己的所见所闻。

大班幼儿的语言表达能力也明显提高，他们不但能系统地叙述生活中的见闻，而且能生动、有感情地描述事物。在与别人的交谈中，能依据别人的言语调整谈话内容。看图讲述能力也明显提高，能根据图片内容想象角色的心理活动和语言对话，能完整、生动地讲述故事。但是，该阶段幼儿的语言表达能力还存在一定的个体差异。

▲ 大班幼儿表达能力增强，能用绘画的方式表达所见所闻

▲ 大班幼儿喜欢阅读，开始对文字产生兴趣

8. 学习能力增强，开始掌握认知方法

大班幼儿在认知活动方面，如在观察、注意、记忆等活动中，开始能采用一定的方法。在观察图画时，他们已不是胡乱地看，而是能够按照一定的方向或路线依次观察，这样的观察过程显然更为有效。在注意活动中，他们会采取捂住耳朵等方式，使自己尽量不分散注意

力。在思维活动中，大班幼儿会事先进行计划，如在完成一幅图画时，他们会先思考好画面的布局和内容，然后进行绘画，这与小班幼儿随手涂涂画画显然不同。

大班幼儿喜欢学习新知识，学习能力增强。同时，他们的阅读能力也进一步增强，能较长时间专心地看书，开始对文字产生兴趣，识字的积极性很高，记忆力也很强，如在生活中看到自己认识的汉字会非常兴奋。幼儿常常会根据故事内容边看图画边猜文字，阅读、识字成了他们很大的乐趣。

▲ 大班幼儿创造欲望强烈，建构游戏水平较高

9. 游戏过程中创造欲望强烈，象征性游戏趋于成熟

随着经验的积累和手部小肌肉的灵活发展，大班幼儿更加喜欢建构性游戏。因为通过操作各种积木、雪花片等变化形式丰富的材料，可以使幼儿发挥想象力，创造出各种生活中观察到的或想象的物体。在这样的搭建过程中，幼儿体验到了成功和同伴合作的乐趣。

大班幼儿在角色游戏中，对角色本身的兴趣远远大于对物品的兴趣，他们热衷于对角色的挖掘和分配。角色的行为也丰富多彩，不再局限于某个经典动作。比如，娃娃家的妈妈可以外出购物、美容、看电影等，不再像小班幼儿扮演的妈妈，一般局限在烧饭这样的经典动作上。在大班幼儿的角色游戏中，常会出现"以物代物"、"用语言和动作替代物体"的情况，同时幼儿之间对替代物的认同度也很高，游戏中发生争执的情况越来越少，多数情况下的争执可以自行商量解决。此阶段象征性游戏趋于成熟。

案例呈现

小医院的新任务

孩子们一开始非常喜欢去小医院里做游戏，但是时间一长，小医院就门可罗雀了。小医院又不能像小吃店、美发店那样可以打广告、搞促销。于是，我就请孩子们共同讨论："你们除了生病会去医院，还有什么情况会去医院呢？""打预防针！"雯雯激动地跳了起来。"对，我们可以给大家打预防针！"于是，小医院的新任务出现了——给班里每个小朋友打预防针。医生和护士讨论一番后，觉得应该给每个小朋友制作一本"预防接种记录本"，上面写上小朋友的名字。为了方便医生联系小朋友，医院还给医生配了一部手机，督促孩子来打针。小医院的工作又繁忙了起来！

探索 2 5—6岁幼儿的发展目标是什么?

假如你是一位幼儿园大班的保教老师，你会为你班级的幼儿提出哪些发展目标呢?

....

....

....

....

....

....

学习支持 2

★ 5—6岁幼儿的发展目标

作为专业的保教人员，在实施教育教学的过程中，应该根据幼儿的年龄特征开展具体工作。针对5—6岁的幼儿，《上海市学前教育课程指南》提出了以下培养目标。

（1）有基本的生活自理能力，养成良好的饮食、睡眠、排泄、盥洗、整理物品等生活卫生习惯，独立自信地做力所能及的事。

（2）体验人与人相互交往、合作的重要和快乐，尊重他人需要。学会选择，形成良好的自我意识、规则意识，学习评价自己和同伴。

（3）积极参加体育活动，大胆尝试新奇、有野趣的活动，获得身体活动的经验，动作协调、灵活。具有安全意识和初步的自我保护能力。

（4）探究、操作、实验，对事物变化发展的过程感兴趣，积极尝试用简单的认知方法发现问题、解决问题。

（5）了解环境与人们生活的依存关系，具有热爱自然、珍惜资源、关心和保护环境的意识。

▲ 大班幼儿探究欲望较强，能尝试发现事物的变化

（6）了解社区内及城市其他典型的设施、景观，参与民间节日活动，萌发爱家乡、爱祖国的情感。

（7）对衣、食、住、行等基本物品的来源和接触到的科技成果感兴趣，接触与运用多种媒体，学习多途径收集和交流信息。

（8）知道一些不同地域、不同种族的人，以及他们的风俗习惯，有初步的多元文化的意识。

（9）了解现实生活中数的实际意义，能从生活和游戏中感受事物数量关系，获得一些时间、空间概念，会进行比较、推理等智力活动。

（10）能从多方面感知周围生活中的美，能大胆用唱歌、舞蹈、演奏、绘画、制作、构造、戏剧表演、角色游戏等形式表现自己的感受、体验，想象、创造。

（11）能大胆、清楚地表达自己的想法，倾听同伴的讲述。会主动用语言与人交往。

（12）关心日常生活中需要掌握的简单标志和文字，尝试用图像、文字、符号等形式表达自己的意思。

探索 3 如何促进5—6岁幼儿的全面发展？

（1）观看一段关于大班幼儿的活动视频，评析视频中保教人员的教育教学行为。

微课视频
大班幼儿活动

（2）在了解了大班幼儿的年龄特点后，你认为可以采取哪些措施来促进他们的发展呢？

★ 促进 5—6 岁幼儿全面发展的教育策略

针对 5—6 岁幼儿的年龄特点，幼儿园和家庭可以采取如下教育策略，以促进幼儿的全面发展。

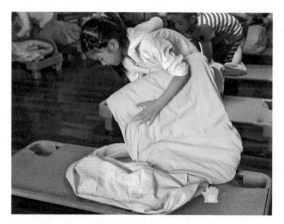

▲ 鼓励大班幼儿做力所能及的事情

▲ 为幼儿提供多种材料，鼓励幼儿探索

（1）大班幼儿自我意识初步形成，成人需要倾听和尊重幼儿的意见和意愿，允许幼儿有不同的答案，与幼儿建立民主、和谐的关系。

（2）鼓励幼儿进行自我管理，合理安排作息，积累生活经验和技能。进一步培养幼儿的责任意识和能力，为成人做力所能及的事情。

（3）鼓励幼儿探索周围事物，并在生活中有意识地为幼儿创设问题情景，提供可探索的材料，鼓励幼儿采用多种方法探究问题，寻求答案。

（4）在幼儿园一日活动中适当增加智力活动，逐步减少午睡的时间。鼓励幼儿多开展自发的游戏活动，培养同伴合作、互动的能力。家长要多带领幼儿接触外界，培养幼儿的交往技能，开阔眼界。

（5）幼儿园应每天保证幼儿有一定时间进行语言交流和阅读活动，重视对小组阅读的指导。家庭需要创设阅读的环境和条件，家长要多陪伴和指导孩子阅读。

（6）幼儿园可以多采用讨论的学习形式，引导幼儿注意倾听、积极思考、充分表达各自的想法。家长在面对孩子提出的问题时，可以多引导孩子动脑思考，自己寻求答案。

（7）成人要帮助幼儿发展社会交往技能。鼓励幼儿走出家门，多与成人和同伴交往，发展一定的交往技能。当幼儿间发生矛盾时，成人不要急于干预、评判或替代解决，要提高幼儿自行解决问题的能力。

（8）家园沟通，共同做好幼小衔接工作。围绕幼儿学习适应、生活适应与社会适应能力的培养，制定计划并逐步帮助幼儿提升这些能力，为幼儿进入小学阶段的学习做好全面的准备工作。

知识链接

幼儿园应加强劳动教育

党的二十大报告提出，"在全社会弘扬劳动精神"，而在幼儿园教育阶段，劳动教育也是重要的组成部分。幼儿教育家陈鹤琴先生说过：幼儿劳动习惯的形成，有助于培养他们的责任感、自信心及处理问题的能力，对幼儿今后的生活也有深远的意义。它不仅能促进幼儿身体骨骼肌肉的发育，提升幼儿的生活自理能力，还能影响他们的个性和社会性发展。

幼儿园应将劳动教育理念引入教育体系，在一日活动各环节渗透劳动教育，让幼儿通过园内的劳动活动，提高自理能力，并在劳动中养成良好的劳动习惯和劳动品质，萌发对劳动者的敬意与热爱劳动的情感。

○ 过关练习 ○

在线练习

I. 单选题

（1）五六岁的幼儿在面对别人不恰当的评价时，会提出辩解，说明此时幼儿自我意识有了进一步的发展，评价从（　　　）向（　　　）发展。

A. 依从性评价、独立性评价　　　　B. 独立性评价、依从性评价

C. 主观、客观　　　　　　　　　　D. 客观、主观

（2）君君和欣欣在玩娃娃家，君君说："我要去上班了，一会还要去看房。"这说明君君（　　　）。

A. 具有丰富、生动的想象力　　　　B. 游戏中的表征水平提高

C. 认识很大程度依赖于行动　　　　D. 尝试模仿、喜欢重复

（3）大班幼儿开始出现（　　　），（　　　）趋于成熟。

A. 角色游戏、象征性游戏　　　　　B. 规则游戏、象征性游戏

C. 建构游戏、规则游戏　　　　　　D. 规则游戏、建构游戏

（4）大班对抽象名词的理解仍存在一定的困难，比如对于"梦想"这一词，多数幼儿容易把它理解成爱好、兴趣。说明此时幼儿的思维仍是（　　）占主导。

A. 直觉行动思维

B. 具体形象思维

C. 抽象逻辑思维

D. 形式运算思维

（5）大班自主游戏期间，丁丁总喜欢和乐乐、浩浩一起玩建构游戏，他们在游戏的过程中能很好地分工和配合，这说明此阶段的幼儿（　　）。

A. 建构水平较高

B. 合作能力增强，有稳定的好伙伴

C. 象征性游戏水平高

D. 创造能力强

（6）小班幼儿在角色游戏中，喜欢和同伴做同样的动作，对人物角色分配不敏感。这说明小班幼儿在游戏时更具有（　　）。大班幼儿在开展角色游戏时，喜欢人物角色分配多于游戏物品操作，对于缺少的物品，可以"以物代物"，游戏的情节也更丰富、有趣。这说明大班幼儿在游戏时更具有（　　）。

A. 想象性　　　　B. 模仿性　　　　C. 规则性　　　　D. 自主性

2. 案例分析题

（1）圆圆开始上大班了，面对即将到来的"幼小衔接"，妈妈非常焦虑，担心圆圆进入小学后输在起跑线上，于是给圆圆报了奥数、英语、识字等兴趣班。圆圆每日疲于奔波，非常辛苦。现实中很多幼儿都如圆圆一般，你是如何看待"幼小衔接"问题的？你能给圆圆妈妈提些建议吗？

....

....

....

（2）5岁半的辰辰今年上幼儿园大班，但他的表现有些弱于同龄人，尤其是同伴交往、语言表达等方面。老师调查下来发现，辰辰常年由祖辈抚养，经常一个人在家里玩，祖辈只负责孩子的吃穿。辰辰的父母现在很着急，他们该如何做才能帮助辰辰改善以上问题呢？

....

....

....

学习任务 3

托幼机构的组织与管理

任务导入

　　随着社会的进步，人们对婴幼儿的早期教育越来越重视，年轻的爸爸妈妈更是在孩子的身上投入了很多精力和财力，纷纷将孩子送至早教中心、托儿所、亲子园等早教机构接受早期教育。因此，社会上各类早教机构如雨后春笋般蓬勃发展起来。这些机构的出现，为更多从事学前教育的人士提供了就业的机会。早教机构的工作人员需要具备什么资质？早教机构提供哪些服务？早教机构所开展的针对0—3岁婴幼儿的早期教育需要遵循什么理念？

　　本学习任务除了介绍早教机构的组织与管理外，还会详细阐述幼儿园的组织与管理及幼儿园的规章制度等内容。

任务目标

- 了解早教机构办学条件的相关规定，能概述早教机构工作人员的入职条件和基本职责。
- 明确早教机构的服务对象，能陈述早教机构的工作原则。
- 掌握0—3岁婴幼儿的教养理念，能阐述早期教育的保教内容和任务。
- 了解0—3岁婴幼儿早期教育对于婴幼儿成长的重要意义。
- 掌握幼儿入园的相关规定，能概述幼儿园在办学形式、卫生保健、营养膳食等方面的管理要求。
- 了解幼儿园管理者的基本职责，能概述幼儿园组织与管理机构的主要部门及运行方式。
- 掌握幼儿园教育的原则，能阐述幼儿园教育的目标，以及语言、科学、健康、社会、艺术五大领域的目标和内容。
- 明晰幼儿园组织与管理的相关规定，体会其在保教工作中的重要意义。

 建议学时

6学时。

学习活动流程

- 学习活动1：早教机构的组织与管理（3学时）。
- 学习活动2：幼儿园的组织与管理（3学时）。

▲ 早教机构

▲ 幼儿园

学习活动 1 早教机构的组织与管理

◎ 学习目标 ◎

☑ 了解早教机构办学条件的相关规定，能概述早教机构工作人员的入职条件和基本职责。

☑ 明确早教机构的服务对象，能陈述早教机构的工作原则。

☑ 掌握0—3岁婴幼儿的教养理念，能阐述早期教育的保教内容和任务。

☑ 了解0—3岁婴幼儿早期教育对于婴幼儿成长的重要意义。

◎ 学习准备 ◎

☑ 学习材料：《关于促进3岁以下婴幼儿照护服务发展的指导意见》《上海市0—3岁婴幼儿教养方案》、上海市《关于促进和加强本市3岁以下幼儿托育服务工作的指导意见》；走访调研表（自制，格式不定）。

☑ 学习设备：照相机和录音笔等调研设备、互联网资源。

◎ 学习导语 ◎

　　0—3岁婴幼儿早期教育已经成为世界各国关注的热点。苏联在20世纪60年代就提出对儿童尽早进行教育，出生第一年便开始有目的、有计划、有组织地对婴幼儿进行从感官训练入手的教育活动。美国"早期开端计划"为出生至3岁的婴幼儿及全职家长的孩子提供全日看护服务。北欧的托幼服务已有多年历史，如芬兰《儿童日托法案》规定为幼儿园和托儿所提供资助，为直到6岁的幼儿提供教育和护理。新西兰1993年就启动了3岁前婴幼儿教育的国家计划——"普鲁凯特计划"。英国1997年启动的"早期开端"也是政府五年发展计划中"优先发展"的政策之一。近些年，我国政府逐渐开始重视0—3岁婴幼儿的早期教育问题。2010年5月，国务院审议并通过了《国家中长期教育改革和发展规划纲要（2010—2020）》，明确提出要重视0—3岁婴幼儿教育。这就意味着国家正式将0—3岁早期教育列入国家中长期教育改革和发展规划之中。

我国早教服务行业快速发展，遍布全国的大中型城市，包括托儿所、亲子园、早教中心等机构，有政府支持的公办机构，也有营利性的私营机构。这些机构专门为0—3岁婴幼儿及其家庭组织保教活动及育儿支持活动，机构内部的管理机制、服务体系也在不断加强和完善。早教机构的类型不同，其职能也不能，有面向婴幼儿和家长的（本书主要介绍该类型机构），也有提供托育服务的。

针对全国0—3岁的早期教育，2019年4月国务院办公厅印发的《关于促进3岁以下婴幼儿照护服务发展的指导意见》中提出了具体的发展目标："到2020年，婴幼儿照护服务的政策法规体系和标准规范体系初步建立，建成一批具有示范效应的婴幼儿照护服务机构，婴幼儿照护服务水平有所提升，人民群众的婴幼儿照护服务需求得到初步满足。到2025年，婴幼儿照护服务的政策法规体系和标准规范体系基本健全，多元化、多样化、覆盖城乡的婴幼儿照护服务体系基本形成，婴幼儿照护服务水平明显提升，人民群众的婴幼儿照护服务需求得到进一步满足。"

早教服务在一线城市发展较快。以上海为例，上海在国内率先整合多方力量，以社区为依托，以学前教育机构为中心，形成向家庭辐射的早期教育公共服务机制与网络。作为一项公共事务，上海市早期教育服务具有依托行政机构自上而下管理的特点，推广和执行力度较强。为不断促进托育服务健康有序发展，上海于2018年在全国率先发布0—3岁幼儿托育的"1+2"文件，包括《关于促进和加强本市3岁以下幼儿托育服务工作的指导意见》、《上海市3周岁以下幼儿托育机构管理暂行办法》、《上海市3岁以下幼儿托育服务机构设置标准（试行）》，为托育机构建设提供标准，建立健全托育服务工作管理的体制机制，保障托育服务质量。

探索 1　早教机构的基本规定有哪些？

请你在课余时间，利用走访、调研、网上查阅等方式，完成以下问题。

（1）进入早教机构接受早教服务的0—3岁婴幼儿数量多吗？早教机构提供什么样的服务？

（2）早教机构和幼儿园有哪些不同？谈谈你的看法。

_____

_____

_____

（3）早教机构的设立有什么标准吗？有哪些硬件和软件的要求？

_____

_____

_____

（4）早教机构教师的工作职责有哪些？需要具备什么资格？

_____

_____

_____

学习支持 1

★ 早教机构的设置标准和管理规范

　　近几年来，早教服务行业蓬勃发展，公办的早教中心在硬件、软件上都有保证，但社会上私立的早教机构的办学水平却参差不齐。国务院办公厅印发的《关于促进3岁以下婴幼儿照护服务发展的指导意见》为规范早教服务行业提供了政策依据。该《意见》要求"各类婴幼儿照护服务机构开展婴幼儿照护服务必须符合国家和地方相关标准和规范"。国家卫生健康委员会于2019年印发了《托育机构设置标准（试行）》和《托育机构管理规范（试

▲ 早教中心活动室

行）》，对托育机构的设置和管理提出了具体要求。地方各级人民政府也分别制定了相关的规范性文件，如上海颁布的《关于促进和加强本市3岁以下幼儿托育服务工作的指导意见》提到：按照专业要求和本市实际情况，制定统一的托育机构设置标准，并就选址、

功能、供餐、安全、班级规模、人员配置等提出具体要求。

★ 早教机构从业人员的主要职责

早教机构中完整的工作团队应该包括从园长到各个业务部门的一整套管理人员和业务人员。这里主要介绍早教教师和保育员。

1. 早教教师

早教教师的工作对象较为特殊，不仅要面对0—3岁婴幼儿，还要面对家长。因此，早教教师的主要职责有：对婴幼儿进行生活照护，设计并组织游戏，促进婴幼儿的身心健康，帮助其养成良好的行为习惯；富有爱心地与婴幼儿交流，积极与家长保持良好沟通；指导家长开展亲子活动，传递科学的育儿理念。在实际工作中，早教教师要做到"让孩子喜爱、家长信赖、园长放心"，要深入学习0—3婴幼儿的身心发展特点与规律，掌握心理特征、生理发育、卫生保健和教育等有关知识，还要不断积累家庭和社会生活等方面的经验。面对婴幼儿时，早教教师要会细心观察孩子、耐心倾听孩子、善于调动孩子参与活动的兴趣、乐于肯定和欣赏孩子等。在一次次的沟通实践中，提升自己的专业能力。

2. 保育员

早教机构保育员的主要职责有：负责本班室内外清洁卫生消毒工作，保持本班环境清洁整齐、空气新鲜；对婴幼儿一日生活开展照护，配合教师开展游戏活动，促进婴幼儿身心健康发展；妥善保管好本班的设备和用品等。保育员应当具有婴幼儿照护经验或相关专业背景，受过婴幼儿保育相关培训和心理健康知识培训。

★ 早教机构的服务对象

早教机构的服务对象是0—3岁婴幼儿及其家长，在活动中实现对婴幼儿和家长这两个对象的指导。《上海市0—3岁婴幼儿教养方案》提出，"家园共育，指导家长开展亲子游戏、亲子阅读等活动，为孩子的发展提供丰富多元的教育资源；为不同月龄孩子的父母提供早期教养服务。在尊重家长不同教养方式的前提下，给予科学、合理的育儿指导。"但在实际的操作过程中，早教机构往往忽视了对家长的指导，以开设针对婴幼儿的亲子课程为重点。

▲ 早教机构的服务对象是婴幼儿及其家长

探索 2 | 早教机构的教养内容、要求和方式有哪些?

（1）对0—3岁婴幼儿开展早期教育有什么要求？如何处理好保育和教育的关系？

....

....

....

（2）0—3岁婴幼儿早期教育的内容具体包括哪些？

....

....

....

学习支持 2

★ 0—3 岁婴幼儿早期教养的理念

婴幼儿时期的教育是终身教育的开端，对人一生的发展影响深远，所以明确0—3岁婴幼儿的早教理念就至关重要。由于0—3岁婴幼儿身心发展尚未完善，因此需要把婴幼儿健康、安全地成长放在首位，要注重婴幼儿情感的满足，为婴幼儿创设一个良好的情感环境，尊重婴幼儿自身内在的发展顺序，关注婴幼儿的个别差异。《上海市0—3岁婴幼儿教养方案》对婴幼儿的教养理念有着明确的阐述。

（1）亲爱儿童，满足需求。重视婴幼儿的情感关怀，强调以亲为先，以情为主，关爱儿童，赋予亲情，满足婴幼儿成长的需求。创设良好环境，在宽松的氛围中，让婴幼儿开心、开口、开窍。尊重婴幼儿的意愿，使他们积极主动、健康愉快地发展。

（2）以养为主，教养融合。强调婴幼儿的身心健康是发展的基础。在开展保教工作时，应把儿童的健康、安全及养育工作放在首位。坚持保育与教育紧密结合的原则，保中有教，教中重保；自然渗透，教养合一。促进婴幼儿生理与心理的和谐发展。

（3）关注发育，顺应发展。强调全面关心、关注、关怀婴幼儿的成长过程。在教养实践中，要把握成熟阶段和发展过程；关注多元智能和发展差异；关注经验获得的机会和发展潜能。学会尊重婴幼儿身心发展规律，顺应儿童的天性，让他们能在丰富的、适宜的环境中自然发展，和谐发展，充实发展。

（4）因人而异，开启潜能。重视婴幼儿在发育与健康、感知与运动、认知与语言、情感与社会性等方面的发展差异，提倡更多地实施个别化的教育，使保教工作以自然的差异

▲ 感知与运动区域

▲ 认知与语言区域

为基础。同时，要充分认识到人生许多良好的品质和智慧的获得均在生命的早期，必须密切关注，把握机会。要提供适宜刺激，诱发多种经验，充分利用日常生活与游戏中的学习情景，开启潜能，推进发展。

★ 0—3 岁婴幼儿早期教养的内容与要求

对0—3岁婴幼儿开展的早期教养应该包含生活习惯的培养、一定生活自理能力的养成、基本动作的发展、语言的发展和完善、认知能力的培养、积极良好的情绪情感和社会性的培养。

这些早期教养内容的顺利完成需要早教机构和家庭共同努力，多数内容还需要家长了解并认真执行。如在生活习惯的培养方面，新生儿时期强调"自然睡眠"、"按需哺乳"，随着月龄的递增，需要逐渐定时，让婴幼儿自然地、愉快地形成有规律的哺乳（饮食）和睡眠习惯。在生活自理能力方面，1岁内的婴儿只要能配合成人的活动，并乐于接受即可；大约1岁以后，成人要创造各种条件，让婴幼儿逐渐学习自我服务，获得一定的生活能力，

▲ 建立稳定的母婴依恋关系

如自己穿脱鞋子、自己吃饭等。在动作、语言和认知发展方面，成人需要创设条件，提供丰富的环境，让婴幼儿在与环境的互动中获得发展。同样，婴幼儿的情绪情感和社会性的培养也需要成人创设环境，让婴幼儿多与成人或同伴接触，尤其要建立稳定健康的母婴依恋关系。成人应积极回应婴幼儿的生理和心理需要，满足婴幼儿的情感饥渴。这些能为婴幼儿适应将来的集体生活和社会生活打下基础。

★ 0—3 岁婴幼儿早期教养的方式

早教机构中针对0—3岁婴幼儿开展的教养活动应区别于3—6岁的幼儿园教育。

首先，要多采用"个别化"的组织形式。由于0—3岁婴幼儿在语言、认知和动作发展上受限，所以要更多地采取个别化的教养组织方式，依据每个婴幼儿发育、发展的不同情况，实施个别化的教养活动，这样他们就能在自己的"最近发展区"上获得进一步的发展。

▲ 提供生活中真实的物品供婴幼儿操作

其次，要顺应婴幼儿发展的需要，"多满足，少要求"。成人应为婴幼儿创设温馨适宜的环境，满足婴幼儿游戏的需要、情感交流的需要、语言和动作发展的需要、探索周围事物的需要、发展独立性的需要。

最后，应让婴幼儿在现实生活中，依据丰富的环境和情境，自然、顺利地成长。利用生活中真实的物品让婴幼儿操作，发展他们的动作。比如，可以让婴幼儿通过扣纽扣、拉拉链等方式来提升他们小肌肉的灵活性。

知识链接

早教机构与幼儿园的区别

1. 两者教育对象所属的阶段不同

虽然早教机构和幼儿园都属于学前教育的机构形式，但幼儿园将3—6岁的幼儿作为教育的主要对象；而早教机构的教育对象主要是0—3岁的婴幼儿，还有他们的家长。早教机构强调亲子互动，帮助家长通过与孩子共同游戏来掌握亲子教育的方法与技能，成为合格的家庭教育者。早教机构的服务对象包括家长，是因为0—3岁的婴幼儿还没有脱离父母。父母是婴幼儿的第一任教师，如果父母没有意识到0—3岁婴幼儿早期教育的重要性，不了解科学的教养方法，那么，孩子便得不到良好的早期教育效果。

2. 两者教育活动的组织形式不同

幼儿园教育内容是在一日活动中完成的，包括生活活动、学习活动、游戏活动和运动活动，主要是教师面向幼儿，以教师带领幼儿游戏、学习为主。幼儿园的保教人员需要对幼儿的一日活动全面负责。

在早教机构中，家长自主选择活动课程的内容和时间段，并在教师指导下和孩子一起游戏。在活动过程中，教师引导家长学会在游戏中观察婴幼儿、了解婴幼儿，进而掌握一套科学的游戏方式，并通过这些游戏方法对婴幼儿的发展进行干预。在早教机构的教育活动中，因为有家长的参与和密切配合，婴幼儿的日常生活照料一般不需要教师特别关注。作为一种新型的、科学的教育模式，早教机构更强调家长（看护人）与孩子在情感沟通的基础上实现双方互动，这不但能促进婴幼儿从小形成健康的人格，也能促使家长自身素质的不断提高和完善。

3. 两者的教育目标和内容不同

幼儿园的教育目标是培养幼儿的各种能力，促进幼儿全面发展。早教机构的主要目标除了促进婴幼儿的全面发展，还要教会家长如何对婴幼儿实施科学的亲子教育，从而达到促进婴幼儿全面发展、增进亲子感情的目的。

幼儿园的教育活动内容是严格按照我国幼儿教育的各类文件执行的，包括教育计划的制定、教育内容的选择、教学活动的组织等。早教机构的教育活动内容是按照某些早教理论开发的，是根据家长和婴幼儿成长需要而制定的。教育计划的制定、教育内容的选择和教学活动组织形式的确定，需要考虑婴幼儿的个别需要及其身心发展的特点。

4. 两者的教学活动时间不同

按照国家有关规定，幼儿园的教学活动时间是以一个学期为一时段，每周一至周五在园。早教机构的教学活动时间则更灵活，一般有全日制、半日制或者计时制。在计时制中，家长可带婴幼儿定期参加早教机构组织的集体游戏活动。每次活动时间为1个小时或2个小时，活动结束后就可离开。

综上所述，早教机构的运营有着独特的方式，它有着不同于幼儿园的组织管理模式，对教师的要求也截然不同。随着人们对早期教育的重视，早教教师缺口日益增大，这将是未来需求量很大的一个职业。

○ 过关练习 ○

在线练习

I. 单选题

（1）婴幼儿早期除了要满足他们的吃喝拉撒睡，（　　）需求也很重要，同样需要满足。

    A. 生理 　　　　　　　　　　　　　　B. 情感

    C. 安全 　　　　　　　　　　　　　　D. 成功

（2）（　　）是我们在进行婴幼儿教养活动时必须遵循的一条重要准则。

    A. 以养为主，教养融合 　　　　　　　B. 以教为主，教养融合

    C. 以养为主，教养分离 　　　　　　　D. 以教为主，教养分离

（3）婴幼儿教养活动的组织与实施，主要在（　　）中进行。

    A. 早教机构 　　　　B. 家庭 　　　　C. 幼儿园 　　　　D. 社区活动中心

（4）0—3岁的婴幼儿，在盥洗、穿脱衣服等方面，教养观念是（　　）。

    A. 从乐于接受到逐渐自理 　　　　　　B. 包办代替

    C. 从完全被动到主动自理 　　　　　　D. 一直被动接受

（5）早教机构中针对0—3岁婴幼儿开展的教养活动应多采用（　　）的方式进行。

A. 集体

B. 小组

C. 个别化

D. 集体、小组、个别化交替使用

2. 论述题

你认为婴幼儿的早期教育重要吗？早期教育又该侧重于培养婴幼儿的哪些方面呢？谈谈你的看法。

学习活动 2　幼儿园的组织与管理

○ 学习目标 ○

- ☑ 掌握幼儿入园的相关规定，能概述幼儿园在办学形式、卫生保健、营养膳食等方面的管理要求。
- ☑ 了解幼儿园管理者的基本职责，能概述幼儿园组织与管理机构的主要部门及运行方式。
- ☑ 掌握幼儿园教育的原则，能阐述幼儿园教育的目标，以及语言、科学、健康、社会、艺术五大领域的目标和内容。
- ☑ 明晰幼儿园组织与管理的相关规定，体会其在保教工作中的重要意义。

○ 学习准备 ○

- ☑ 学习材料:《幼儿园教育指导纲要（试行）》《幼儿园管理条例》《幼儿园工作规程》《上海市0—3岁婴幼儿教养方案》《上海市学前教育课程指南》；走访调研表（自制，格式不定）。
- ☑ 学习设备：照相机和录音笔等调研设备、互联网资源。

○ 学习导语 ○

　　改革开放以来，我国学前教育机构经历了快速发展，建立了从中央到地方的各级学前教育领导机构，制定颁发了一系列纲领性政策和文件，如《幼儿园管理条例》规定了幼儿园的任务、管理制度以及保育和教育工作等;《幼儿园工作规程》明确了幼儿园的保教目标和任务，规定了幼儿园教育的原则、活动组织形式和方法等;《幼儿园教育指导纲要（试行）》为幼儿园的具体教育内容指出了新的方向;《3—6岁儿童学习与发展指南》指出了3—6岁幼儿每个阶段应该达到的水平，为家庭和幼儿园实施科学的教育和保育指明方向。一系列学前教育政策和法规的制定、颁布，使学前教育事业的发展有了制度保障，也推动了教育方式和理念的变革。

探索 1 幼儿园的基本规定有哪些?

请你在课余时间,利用走访、调研、网上查阅等方式,完成以下问题。

(1)幼儿几岁可以去上幼儿园? 幼儿入园需要满足什么条件?

....

....

....

(2)幼儿园一般是几年制? 幼儿必须是秋季入园吗?

....

....

....

(3)幼儿园每个班级招收多少幼儿为宜? 幼儿入园前需要经过考试筛选吗? 不同年龄的幼儿可以放在同一个班级吗?

....

....

....

学习支持 1

★ 幼儿园的基本规定

《幼儿园工作规程》(以下简称《规程》)对入园和编班、卫生保健管理、膳食管理、体育锻炼等方面做了相关规定。

1. 入园和编班

幼儿园是对3周岁以上学龄前幼儿实施保育和教育的机构。幼儿园教育是基础教育的重要组成部分,是学校教育制度的基础阶段。幼儿园一般为三年制,可分为全日制、半日制、定时制、季节制和寄宿制等。上述形式可分别设置,也可混合设置。

(1)入园年龄。幼儿园适龄幼儿为3周岁至6周岁。

(2)幼儿入学时间。幼儿园每年秋季招生。平时如有缺额,可随时补招。

(3)幼儿入园的身体条件。幼儿入园前,应当按照卫生部门制定的卫生保健制度进行健康检查,合格者方可入园。幼儿入园除进行健康检查外,禁止任何形式的考试或测查。

▲ 幼儿在进行户外活动

（4）幼儿园班级规模。幼儿园规模应当有利于幼儿身心健康，便于管理，一般不超过360人。幼儿园每班幼儿人数一般为：小班（3周岁至4周岁）25人，中班（4周岁至5周岁）30人，大班（5周岁至6周岁）35人，混合班30人。寄宿制幼儿园每班幼儿人数酌减。幼儿园可以按年龄分别编班，也可以混合编班。

2. 卫生保健管理

（1）生活作息。幼儿园应当制定合理的幼儿一日生活作息制度。正餐间隔时间为3.5—4小时。在正常情况下，幼儿户外活动时间（包括户外体育活动时间）每天不得少于2小时，寄宿制幼儿园不得少于3小时；高寒、高温地区可酌情增减。

案例呈现

××幼儿园，师资优良，地处城市繁华地段，是很多家长梦寐以求的幼儿园。该幼儿园的园长为了招收优秀的幼儿，设计了考核方案，在开学前对幼儿和家长分别进行面试。最后，来这所幼儿园的幼儿和家长都非常优秀，幼儿园的名气也越来越大。

冬天到了，天气逐渐变冷，园长考虑到天气太冷，孩子在户外活动容易感冒，于是决定减少户外活动时间，小班每周户外活动2天，每天1小时；中、大班每周户外活动3天，每天1小时。多出来的时间用来开展集体教学活动，学习各种知识。园长的这种做法得到了很多家长的认可，他们认为将孩子送到幼儿园就是要学习知识。

你认为该园长的做法对吗？请说出理由。

▲ 每半年测一次视力

（2）健康管理。幼儿园应当建立幼儿健康检查制度和幼儿健康卡或档案。每年体检一次，每半年测身高、视力一次，每季度量体重一次；注意幼儿口腔卫生，保护幼儿视力。幼儿园对幼儿健康发展状况定期进行分析、评价，及时向家长反馈结果。幼儿园应当关注幼儿心理健康，注重满足幼儿的发展需要，保持幼儿积极的情绪状态，让幼儿感受到尊重和接纳。

（3）疾病预防。幼儿园应当建立卫生消

毒、晨检、午检制度和病儿隔离制度，配合卫生部门做好计划免疫工作。幼儿园应当建立传染病预防和管理制度，制定突发传染病应急预案，认真做好疾病防控工作。幼儿园应当建立患病幼儿用药的委托交接制度，未经监护人委托或者同意，幼儿园不得给幼儿用药。幼儿园应当妥善管理药品，保证幼儿用药安全。幼儿园内禁止吸烟、饮酒。

案例呈现

　　今年是李老师工作的第一年，她成了小班的带班老师。李老师工作热情，积极负责，是大家公认的好老师。一天早上，亮亮的爷爷来送孩子，找到了李老师并告诉她，亮亮这两天有点咳嗽，家里去药房买了止咳药，早上在家里已经吃过了，中午请李老师喂亮亮再吃一次。李老师认为喂孩子吃药是一件小事，就爽快地答应了。

　　李老师这样做对吗？请说出理由。

3. 膳食管理

　　供给膳食的幼儿园应当为幼儿提供安全卫生的食品，编制营养均衡的幼儿食谱（可参考《中国学龄前儿童平衡膳食宝塔》），定期计算和分析幼儿的进食量和营养素摄取量，保证幼儿合理膳食。幼儿园应当每周向家长公示幼儿食谱，并按照相关规定进行食品留样。

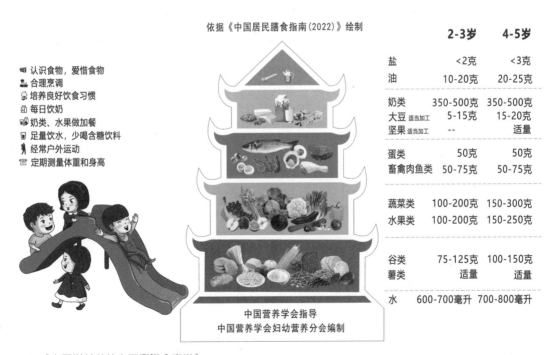

依据《中国居民膳食指南（2022）》绘制

- 认识食物，爱惜食物
- 合理烹调
- 培养良好饮食习惯
- 每日饮奶
- 奶类、水果做加餐
- 足量饮水，少喝含糖饮料
- 经常户外运动
- 定期测量体重和身高

	2-3岁	4-5岁
盐	<2克	<3克
油	10-20克	20-25克
奶类	350-500克	350-500克
大豆 适当加工	5-15克	15-20克
坚果 适当加工	--	适量
蛋类	50克	50克
畜禽肉鱼类	50-75克	50-75克
蔬菜类	100-200克	150-300克
水果类	100-200克	150-250克
谷类	75-125克	100-150克
薯类	适量	适量
水	600-700毫升	700-800毫升

中国营养学会指导
中国营养学会妇幼营养分会编制

▲《中国学龄前儿童平衡膳食宝塔》

▲ 幼儿在户外进行穿越障碍的游戏

4. 体育锻炼

幼儿园应当积极开展适合幼儿的体育活动，充分利用日光、空气、水等自然因素以及本地自然环境，有计划地锻炼幼儿肌体，增强身体的适应和抵抗能力。在正常情况下，每日户外体育活动不得少于1小时。幼儿园在开展体育活动时，应当对体弱或有残疾的幼儿予以特殊照顾。

探索 2　幼儿园的管理者如何管理幼儿园?

（1）幼儿园的最高领导者是谁? 他（她）又是如何管理幼儿园的?

....
....
....
....

（2）幼儿园管理者具体的工作职责是什么?

....
....
....
....

学习支持 2

★ 幼儿园管理者及其工作职责

《规程》对幼儿园的管理者及其工作职责做了如下规定。

1. 幼儿园管理者的任命或聘任

幼儿园按照国家相关规定设园长、副园长、教师、保育员、卫生保健人员、炊事员和其他工作人员等岗位，配足配齐教职工。园长是幼儿园的行政负责人，是幼儿园机构的核心人物，负责主持全园工作。幼儿园园长应当具有《教师资格条例》规定的教师资格、具备大专以上学历、有三年以上幼儿园工作经历和一定的组织管理能力，并取得幼儿园园长岗位培训合格证书。幼儿园园长由举办者任命或聘任，并报当地主管的教育行政部门备案。

2. 幼儿园管理者的工作职责

幼儿园实行园长负责制，负责幼儿园的全面工作，其主要职责包括：贯彻执行国家的有关法律、法规、方针、政策和地方的相关规定；负责保育教育、卫生保健、安全保卫工作；负责按照有关规定聘任、调配教职工，指导、检查和评估教师以及其他工作人员的工作，并给予奖惩；负责教职工的思想工作，组织业务学习，并为他们的学习、进修、教育研究创造必要的条件；关心教职工的身心健康，维护他们的合法权益，改善他们的工作条件；组织管理园舍、设备和经费；组织和指导家长工作；负责与社区的联系和合作。

幼儿园的各项事务按照工作性质和专业分工可以分为三类：保健、教育和总务。园长根据三类事务，设立三方面职能组织：保健组、教育组和总务组，选拔各个职能部门的负责人，如保健主任、保教主任、总务主任。他们接受园长的指挥领导，同时负责对本部门教职工的管理和组织本领域工作的开展。各个班级为基层组织形式，由教师、保育员负责具体工作。

3. 幼儿园的任务

幼儿园的任务是贯彻国家的教育方针，按照保育与教育相结合的原则，遵循幼儿身心发展特点和规律，实施德、智、体、美等方面全面发展的教育，促进幼儿身心和谐发展。幼儿园的任务决定了保教工作是各项工作的核心。园长在自上而下安排工作时，必须遵守保教结合的原则，注意两者的相互渗透，将其融合在幼儿园一日活动中完成。

探索 3 | 幼儿园教育的基本内容与要求有哪些？

（1）幼儿园教育只要孩子快乐就行了吗？有没有培养目标？

_____

_____

（2）幼儿园教育是启蒙教育，你认为幼儿园该教给孩子哪些东西呢？

_____

_____

_____

（3）大家都说幼儿园是人生最快乐的阶段，你认为幼儿园该如何做才能保证孩子获得全面发展的同时又能感受到快乐？

_____

_____

_____

学习支持 3

★ 幼儿园教育的原则

（1）遵循德、智、体、美、劳五育并举、有机结合的原则。

（2）遵循幼儿身心发展规律和个体发展差异的原则。幼儿园在开展各项工作时必须考虑幼儿的年龄特征，遵循幼儿身心发展规律，不做超前安排。幼儿间个体差异明显，需因材施教，引导幼儿身心健康发展。

（3）面向全体，热爱幼儿，坚持正面教育的原则。幼儿园需要对所有幼儿一视同仁，公平公正地对待每位幼儿，对幼儿充满热爱，坚持积极鼓励、启发诱导的正面教育。

（4）于一日生活中合理渗透各方面教育内容，发挥各种教育手段交互作用的原则。幼儿园应根据幼儿身心发展规律，于一日生活中合理安排各方面的教育内容，采取多种教育手段开展活动。

（5）创设与教育相适应的良好环境的原则。环境对幼儿身心发展起着重要的作用，因此，幼儿园要为幼儿创设能促进其身心发展的物理环境和精神环境。幼儿园的环境创设需要考虑幼儿年龄特征、教育内容和要求以及幼儿园现有资源等因素，最大限度地为幼儿提供活动和发展能力的机会与条件。

（6）以游戏为基本活动的原则。游戏是幼儿生活中的基本活动，是幼儿认识周围环境、他人和自己的途径，对幼儿身心发展起着重要作用。游戏是保证幼儿愉悦性的前提，是各种教育活动的手段。因此，幼儿园所开展的活动本质上应该具有游戏的性质。从时间和空间的角度看，幼儿园绝大部分时间要以游戏性活动为主，包括晨间游戏、区域游戏、户外游戏等。从方法和手段来看，游戏作为一种方法和手段应融入幼儿园教育的一日活动之中，从而丰富教学，激发幼儿的学习兴趣。从内容和形式的角度来看，游戏作为一种内容和形式应融入幼儿园教育，它不应该是孤立的、分割的，而应该以反映幼儿完整的生活经验为目的。因此，幼儿园应该以游戏为基本活动形式，把教育因素以各种游戏形式呈现在幼儿面前。

★ 幼儿园教育的目标

我国幼儿园教育的目标是：实行保育和教育相结合的原则，对幼儿实施德、智、体、美诸方面全面发展的教育，以促进其身心和谐发展。

《规程》规定幼儿园保育和教育的主要目标为：促进幼儿身体正常发育和机能的协调发展，增强体质，促进心理健康，培养良好的生活习惯、卫生习惯和参加体育活动的兴趣；发展幼儿智力，培养正确运用感官和运用语言交往的基本能力，增进对环境的认识，培养有益的兴趣和求知欲望，培养初步的动手探究能力；萌发幼儿爱祖国、爱家乡、爱集体、爱劳动、爱科学的情感，培养诚实、自信、友爱、勇敢、勤学、好问、爱护公物、克服困难、讲礼貌、守纪律等良好的品德行为和习惯，以及活泼开朗的性格；培养幼儿初步感受美和表现美的情趣和能力。

★ 幼儿园教育的内容

《规程》指出，幼儿园的"教育活动内容应当根据教育目标、幼儿的实际水平和兴趣确定，以循序渐进为原则，有计划地选择和组织"。《幼儿园教育指导纲要（试行）》指出，幼儿园的教育内容是全面的、启蒙性的，可以相对划分为健康、语言、社会、科学、艺术五大领域，各领域的内容相互渗透，从不同的角度促进幼儿情感、态度、能力、知识、技能等方面的发展。

1. 健康领域

健康领域重在关注幼儿的身心健康，培养幼儿保护身体安全的意识和能力，保持身体锻炼的习惯。

健康领域的教育内容主要包括：建立良好的师幼和同伴关系，营造安全、适宜的集体环境；建立科学的生活常规，培养幼儿良好的生活习惯和一定的生活自理能力；教育幼儿爱清洁、讲卫生，有良好的个人卫生习惯；对幼儿进行安全、营养和保健教育，提高自我保护意识和能力；开展多种户外活动和体育运动，培养幼儿运动兴趣和习惯，增强体质；利用多种运动器械和游戏，发展幼儿基本动作；在多种体育活动中，培养幼儿坚强、勇敢、不怕困难的意志品质和主动、乐观、合作的态度。

▲ 体育活动（障碍赛）

2. 语言领域

语言领域重在培养幼儿倾听和表达的能力，以及与人礼貌交谈的习惯等。

语言领域的教育内容主要包括：营造轻松的语言环境，鼓励幼儿与教师、同伴或其他人进行交谈，体验语言交谈的快乐；培养幼儿良好的倾听习惯和能力；鼓励幼儿大胆地表达自己，发展语言表达能力和思维能力；引导幼儿接触优秀的儿童文学作品，感受语言的丰富和优美；培养幼儿对生活中的简单标记和文字符号的兴趣；利用多种形式激发幼儿对书籍、阅读和书写的兴趣，培养前阅读和前书写技能；提供使用普通话的语言环境，帮助幼儿学说普通话。

▲ 幼儿在分享创编的故事

3. 社会领域

社会领域重在培养幼儿参与活动的主动性和责任感，能理解和掌握基本的社会行为规则，学习初步的

▲ 乐意与同伴合作进行游戏

▲ 探索磁铁的奥秘

人际交往技能，为将来适应社会生活做铺垫。

社会领域的教育内容主要包括：引导幼儿参与各类集体活动，体验与他人共同生活的乐趣，学习初步的人际交往技能；为幼儿提供获得成功的机会，培养自尊心和自信心；鼓励幼儿在活动中自主选择，努力克服困难，培养不轻易放弃的品质；在集体活动中，引导幼儿认识、理解基本的社会行为规则，学习自律和尊重他人；教育幼儿爱护玩具和其他物品，爱护公物和公共环境；引导幼儿认识生活中各行各业的劳动，培养对劳动者的热爱和对劳动成果的尊重；利用各种资源，培养幼儿对家乡、对祖国的热爱；采用恰当方式，初步向幼儿介绍世界各地丰富的民族文化，使其感受人类文化的多样性和差异性。

4. 科学领域

科学领域重在引导幼儿从观察身边的事物到关注人类生活环境、人类与宇宙的关系，培养幼儿的探究精神和探究兴趣。

科学领域的教育内容主要包括：引导幼儿对身边常见事物和现象的特点、变化规律产生兴趣和探究的欲望；为幼儿的探究活动创造宽松的环境，鼓励幼儿大胆参与尝试和探究，大胆提问和表达，并尊重别人的观点和经验；提供丰富的可操作的材料，鼓励每个幼儿运用多种感官、多种方式进行探索；引导幼儿采用小组合作、讨论等方式，培养合作学习的意识和能力，学习运用多种方式表现、交流、分享探索的过程和结果；引导幼儿对周围环境中的数、量、形、时间和空间等现象产生兴趣，建构初步的数概念，并学习用简单的数学方法解决生活和游戏中某些简单的问题；通过幼儿熟悉的生活或媒体中的科技成果，引导其感受科学技术对生活的影响，培养他们对科学的兴趣和对科学家的崇敬；在幼儿生活经验的基础上，帮助其了解自然、环境与人类生活的关系，培养初步的环保意识和行为。

5. 艺术领域

艺术领域重在培养幼儿感受美、表现美和创造美的能力，淡化艺术知识和技能的获得过程，强调幼儿对艺术的感受和体验，使其萌发艺术表

▲ 剪窗花

现和艺术创造的愿望。

艺术领域的教育内容主要包括：引导幼儿接触周围环境和生活中美好的人、事、物，激发他们表现美、创造美的情趣；针对每个幼儿的不同特点和需要，开展不同类型、不同层次的艺术活动，让每个幼儿都得到美的熏陶和培养；鼓励幼儿采用不同艺术形式大胆表达自己的情感、理解和想象，尊重并接纳幼儿的审美感受和表现方式；在支持、鼓励幼儿积极参加各种艺术活动并大胆表现的同时，帮助他们提高表现的技能和能力；指导幼儿利用身边的物品或废旧材料制作玩具、手工艺品等来美化自己的生活或开展其他活动；为幼儿创设展示自己作品的条件，引导幼儿相互交流、相互欣赏、共同提高。

★ 幼儿园教育的组织形式

教育活动的过程应注重支持幼儿的主动探索、操作实践、合作交流和表达表现，不应片面追求活动结果。《规程》指出，教育活动的组织应当灵活地运用集体、小组和个别化活动等形式，为每个幼儿提供充分参与的机会，满足幼儿多方面发展的需要，促进每个幼儿在不同水平上得到发展。

▲ 鼓励幼儿积极参与集体教学活动

▲ 丰富的个别化学习活动能促进幼儿个性化发展

○ 过关练习 ○

在线练习

Ⅰ. 判断题

（1）幼儿园的任务就是实行保育与教育相结合的原则，对幼儿实施德、智、体、美诸方面全面发展的教育，以促进其身心和谐发展。（　　）

（2）幼儿户外活动时间在正常情况下每天不得少于1小时。（　　）

（3）幼儿园只是启蒙教育，不属于基础教育。（　　）

（4）幼儿年龄小，不懂事，也听不懂道理。所以成人应在幼儿听话时表扬他，不听话时骂他，这样才能让幼儿懂得哪些事情该做，哪些事情不该做。（　　）

（5）幼儿园只有全日制和寄宿制两种形式，这两种形式可分别设置，也可混合设置。（　　）

（6）幼儿入园前须按照卫生部门制定的卫生保健制度进行体格检查，合格者方可入园。优秀的幼儿园除体格检查外，还可通过考试或测查招收优秀幼儿入园。（　　）

（7）为了培养幼儿良好的大小便习惯，可让幼儿定时大小便，限制幼儿便溺的次数、时间等。（　　）

（8）幼儿园应以游戏为基本活动形式，寓教育于各项活动之中。（　　）

（9）幼儿园教育工作应将体育放在首位，因为身体健康是身心发展的基础，其次要注重智育，因为幼儿阶段是智力发展的关键期，第三位是德育，美育相对不重要些，放在第四位。（　　）

（10）幼儿园的品德教育应以情感教育和培养良好行为习惯为主，注重潜移默化的影响，并贯穿于幼儿生活以及各项活动之中。（　　）

（11）幼儿园工作人员在当地小学寒、暑假期间，可以正常享受寒、暑假。（　　）

（12）幼儿园应制定合理的幼儿一日生活作息制度，两餐间隔时间不得少于3小时。（　　）

（13）幼儿园应建立幼儿健康检查制度和幼儿健康卡或档案。每年体检1次，半年测身高、视力1次，量体重1次，并对幼儿身体健康发展状况定期进行分析、评价。应注意幼儿口腔卫生，保护视力。（　　）

2. 论述题

幼儿园一日活动的内容丰富多彩，请你利用见习、实习的时间，观察并记录幼儿园一日活动的内容，分析这些活动开展得是否合理，及其对幼儿发展的影响。

学习
任务 4

托幼机构相关
政策与法规认知

 任务导入

　　托幼机构各项工作的开展离不开国家相关政策与法规的指导，比如我们经常提到的《国务院关于当前发展学前教育的若干意见》、《幼儿园管理条例》、《幼儿园工作规程》、《幼儿园教育指导纲要（试行）》、《中华人民共和国未成年人保护法》等，这些法规与政策时刻约束并指引着我们的工作。那么，法规与政策有什么不同？我们如何区分呢？同时，在托幼机构中时常会发生一些意外事故，在解决这些事故时，我们也需要具备一些法律知识，明确相关法律责任。在本次任务的学习过程中，我们将带领大家一起了解我国目前关于学前教育的相关政策、法规与法律责任。

任务目标

- 了解托幼机构相关政策与法规，知晓常见政策与法规的具体内容。
- 依据托幼机构常见政策与法规，解释学前教育中的一般现象。
- 学习托幼机构相关法律，陈述托幼机构中常见事故的类型。
- 依据相关法律，分析发生在托幼机构中的常见事故及法律责任人。
- 依据相关法律，陈述托幼机构中工作人员的合法权利和义务，能尝试运用法律保护托幼机构中法律关系主体的合法权益。
- 深刻体会掌握托幼机构政策与法规对开展保教工作的重要意义。

建议学时

6学时。

学习活动流程

- 学习活动1：托幼机构相关政策与法规认知（3学时）。
- 学习活动2：托幼机构相关法律责任认知（3学时）。

学习活动 1　托幼机构相关政策与法规认知

学习目标

☑ 了解托幼机构相关政策与法规，知晓常见政策与法规的具体内容。

☑ 能依据托幼机构常见政策与法规，解释学前教育中的一般现象。

☑ 深刻体会学习托幼机构相关政策与法规对开展保教工作的重要意义。

学习准备

☑ 学习材料：《中共中央国务院关于学前教育深化改革规范发展的若干意见》、《国务院关于当前发展学前教育的若干意见》、《国家中长期教育改革和发展规划纲要（2010—2020年）》、《关于幼儿教育改革与发展的指导意见》、《国务院关于基础教育改革与发展的决定》、《幼儿园教育指导纲要（试行）》、《儿童权利公约》、《幼儿园工作规程》、《3—6岁儿童学习与发展指南》、《中华人民共和国未成年人保护法》、《幼儿园管理条例》等；走访调研表（自制，格式不定）。

☑ 学习设备：照相机和录音笔等调研设备、互联网资源。

学习导语

　　我国学前教育政策与法规的建设始于1903年清政府颁布的《奏定蒙养院章程及家庭教育法章程》，至今已有一百多年的历史。新中国成立后，党和政府先后颁布了多个学前教育政策和法规；改革开放后，更是制定了一系列的法规、纲要、条例，保证了我国学前教育的健康稳定发展。

探索 1 ｜ 学前教育政策与法规有区别吗?

请你在课余时间,利用走访、调研、网上查阅等方式,完成以下问题。

(1)关于学前教育政策与法规,你知道哪些?

....

....

(2)学前教育政策与法规各有什么特点? 二者如何区分?

....

....

....

学习支持 1

★ 学前教育政策与法规的基本内涵

学前教育政策是指党和政府为完成一定历史时期的学前教育任务,实现学前教育培养目标而做出的兼具战略性、现实针对性和可操作性的规定,是党和政府为实施和发展学前教育事业而制定的行动准则。例如,《关于幼儿教育改革与发展的指导意见》(2003年)就是一项学前教育的国家政策。

学前教育法规是有关国家机关制定的,旨在调整国家行政部门在行使学前教育行政权力和公民在行使受教育权利的教育活动中所发生的各种社会关系的法律规范。它包括宪法和法律中有关学前教育的法律规范及一切有关学前教育的行政法规、部门规章等。例如,《幼儿园管理条例》(1990年)、《儿童权利公约》(1990年)等都属于学前教育法规的范畴。

★ 学前教育政策与法规的关系

学前教育政策是制定学前教育法规的依据,并指导着学前教育法规的实施。学前教育法规则能保障学前教育政策顺利实施和具体落实。

学前教育政策通常是党的领导机关和政府以决议、决定、通知、意见等公文和规划的形式出现,而学前教育法规则采用法律、条例、规定、规范、办法等法规性问题,明确规定必须做什么、不能做什么,违反者必须承担一定后果。

探索 2　重要的学前教育政策与法规有哪些呢?

（1）请列举3个以上重要的学前教育政策与法规，说说它们对托幼机构工作的重要意义。

....

....

（2）你知道保护幼儿权利的法律法规有哪些吗？请查阅相关资料，搜集保护幼儿权利的各种法律法规。

....

....

....

学习支持 2

★ 我国目前重要的学前教育政策

1.《国务院关于基础教育改革与发展的决定》中的学前教育政策（2001 年）

为进一步推进基础教育的改革和发展，2001年5月，国务院召开了全国基础教育工作会议，印发了《国务院关于基础教育改革与发展的决定》。该《决定》的基本思想是制定《幼儿园教育指导纲要（试行）》和《关于幼儿教育改革与发展的指导意见》的重要依据。其中涉及学前教育的内容有：（1）明确指出要重视和发展学前教育。（2）明确规定了学前教育事业改革发展的基本进度与要求。（3）明确规定了学前教育的办学体制：学前教育以政府办园为骨干，积极鼓励社会力量举办幼儿园。

2.《幼儿园教育指导纲要（试行）》（2001 年）

为贯彻《中华人民共和国教育法》、《幼儿园管理条例》和《幼儿园工作规程》，2001年7月，教育部颁发了《幼儿园教育指导纲要（试行）》，具体地规定了我国幼儿园教育的基本内容范畴、目标以及基本的实践规范和要求。

《幼儿园教育指导纲要（试行）》分为总则、教育内容与要求、组织与实施、教育评价几个部分。

（1）"总则"部分明确了幼儿园教育的性质和根本任务，即"幼儿园教育是基础教育的重要组成部分，是我国学校教育和终身教育的奠基阶段"，其根本任务则是"为幼儿一生的发展打好基础"；规定了我国幼儿园教育的外部原则，即幼儿园必须适应社会的变化；指出了幼儿园教育自身的特点，即幼儿园不同于小学的特点；规定了幼儿园教育的内部原则，即幼儿园教育过程中必须遵循的基本原则。

（2）"教育内容与要求"部分将幼儿学习的范畴按照学习领域相对划分为健康、语言、社会、科学、艺术五个领域，同时强调"各领域的内容相互渗透，从不同的角度促进幼儿情感、态度、能力、知识、技能等方面的发展"。

（3）在"组织与实施"部分，十一个条目贯彻尊重幼儿的权利，尊重教师的创造，尊重幼儿在学习特点、发展水平、个性特征等方面的差异，尊重幼儿身心发展的客观规律，尊重教育、教学的客观规律等理念与观点，突出了幼儿园教育组织实施中的教育性、互动性、开放性、针对性和灵活性等原则。

（4）在"教育评价"部分，围绕幼儿园教育评价，提出评价的发展性、合作性、标准的多元性以及多角度、多主体、多方法、重视过程、重视差异、重视质性研究等原则。

3. 《关于幼儿教育改革与发展的指导意见》（2003年）

这是继《幼儿园教育指导纲要（试行）》后，又一次颁发的关于加快学前教育改革与发展的规范性文件。《关于幼儿教育改革与发展的指导意见》全面分析了改革开放以来幼儿教育发展的经验和面临的形势，深刻阐述了幼儿教育在社会主义现代化建设中的重要地位，提出了解决幼儿教育问题的具体措施。具体内容有：

（1）明确了幼儿教育改革与发展的目标。

（2）进一步完善幼儿教育管理体制和机制，切实履行政府职责。

（3）加强管理，保证幼儿教育事业健康发展。

（4）全面实施素质教育，提高幼儿教育质量。

（5）加强师资队伍建设，努力提高幼儿教师素质。

（6）加强领导，保证幼儿教育改革与发展的顺利进行。

4. 《国家中长期教育改革和发展规划纲要（2010—2020年）》（2010年）

2010年7月8日，中共中央、国务院印发了《国家中长期教育改革和发展规划纲要（2010—2020年）》，这是我国进入21世纪以来第一个中长期教育规划纲要，为我国教育改革指明了方向，有跨时代的意义。有关学前教育的内容有以下几点。

（1）基本普及学前教育。学前教育对幼儿身心健康、习惯养成、智力发展具有重要意义。遵循幼儿身心发展规律，坚持科学保教方法，保障幼儿快乐健康成长。积极发展学前教育，到2020年，普及学前一年教育，基本普及学前两年教育，有条件的地区普及学前三年教育。重视0至3岁婴幼儿教育。

（2）明确政府职责。把发展学前教育纳入城镇、社会主义新农村建设规划。建立政府主导、社会参与、公办民办并举的办园体制。大力发展公办幼儿园，积极扶持民办幼儿园。加大政府投入，完善成本合理分担机制，对家庭经济困难幼儿入园给予补助。加强学前教育管理，规范办园行为。制定学前教育办园标准，建立幼儿园准入制度。完善幼儿园收费管理办法。严格执行幼儿教师资格标准，切实加强幼儿教师培养培训，提高幼儿教师队伍整体素质，依法落实幼儿教师地位和待遇。教育行政部门加强对学前教育的宏观指导和管理，相关部门履行各自职责，充分调动各方面力量发展学前教育。

（3）重点发展农村学前教育。努力提高农村学前教育普及程度。着力保证留守儿童入园。采取多种形式扩大农村学前教育资源，改扩建、新建幼儿园，充分利用中小学布局调整富余的校舍和教师举办幼儿园（班）。发挥乡镇中心幼儿园对村幼儿园的示范指导作用。支持贫困地区发展学前教育。

（4）制定幼儿园教师配备标准。

（5）学前教育建立政府投入、社会举办者投入、家庭合理负担的投入机制。

（6）各地根据学前教育普及程度和发展情况，逐步对农村家庭经济困难和城镇低保家庭子女接受学前教育予以资助。

（7）推进农村学前教育。支持办好现有的乡镇和村幼儿园；重点支持中西部贫困地区充分利用中小学富余校舍和社会资源，改扩建或新建乡镇和村幼儿园；对农村幼儿园园长和骨干教师进行培训。

5.《国务院关于当前发展学前教育的若干意见》（2010年）

为贯彻落实《国家中长期教育改革和发展规划纲要（2010—2020年）》，着力解决当前学前教育发展中遇到的问题，2010年11月21日国务院印发了《国务院关于当前发展学前教育的若干意见》。具体内容有：（1）把发展学前教育摆在更加重要的位置。（2）多种形式扩大学前教育资源。（3）多种途径加强幼儿教师队伍建设。（4）多种渠道加大学前教育投入。（5）加强幼儿园准入管理。（6）强化幼儿园安全监管。（7）规范幼儿园收费管理。（8）坚持科学保教，促进幼儿身心健康发展。（9）完善工作机制，加强组织领导。（10）统筹规划，实施学前教育三年行动计划。

6.《中共中央国务院关于学前教育深化改革规范发展的若干意见》（2018年）

《中共中央国务院关于学前教育深化改革规范发展的若干意见》是新中国成立以来以中共中央、国务院名义出台的第一个面向学前教育的重要文件，具有重要的里程碑意义。该《意见》为我国的学前教育在未来几年如何发展制定了任务书，规划了路线图，明确提出了解决"入园难"、"入园贵"等难题的具体措施和办法，是新时代学前教育工作的行动指南。该《意见》的主要内容概括如下：

（1）主要目标：到2020年，全国学前三年毛入园率达到85%，普惠性幼儿园覆盖率（公办园和普惠性民办园在园幼儿占比）达到80%。

（2）健全学前教育公共服务保障体系。该《意见》要求，按照政府主导、公办民办并举的原则，加大公共财政投入，着力扩大普惠性学前教育资源供给，完善县乡村三级学前教育公共服务网络，到2020年基本建成广覆盖、保基本、有质量的学前教育公共服务体系。

（3）强化教师基础作用，不断提高学前教育保教质量。该《意见》提出，到2020年，幼儿园教师队伍综合素质和科学保教能力得到整体提升，幼儿园教师社会地位、待遇保障进一步提高，职业吸引力明显增强。

（4）加强监管体系建设，促进学前教育持续健康协调发展。该《意见》强调，完善监管体系，强化各级党委和政府及各有关部门的监管责任，建立健全教育部门主管、各有关部门分工负责的监管机制，健全各级教育部门学前教育管理机构，建设一支专业化管理队伍。

（5）提高幼儿园保教质量。该《意见》强调，通过全面改善办园条件、注重保教结合、完善学前教育教研体系、健全质量评估监测体系，提高幼儿园保教质量。

7.《关于促进3岁以下婴幼儿照护服务发展的指导意见》（2019年）

3岁以下婴幼儿照护服务是生命全周期服务管理的重要内容，事关婴幼儿健康成长，事关千家万户。为促进婴幼儿照护服务发展，国务院办公厅于2019年印发了《关于促进3岁以下婴幼儿照护服务发展的指导意见》。该《指导意见》的主要内容概括如下：

（1）指导思想和基本原则：坚持以人民为中心的发展思想，按照"家庭为主，托育补充"、"政策引导，普惠优先"、"安全健康，科学规范"、"属地管理，分类指导"原则，充分调动社会力量的积极性，多种形式开展婴幼儿照护服务。

（2）发展目标：该《指导意见》提出，到2020年，建成一批具有示范效应的婴幼儿照护服务机构，婴幼儿照护服务水平有所提升。到2025年，多元化、多样化、覆盖城乡的婴幼儿照护服务体系基本形成，婴幼儿照护服务水平明显提升。

（3）主要任务：加强对家庭婴幼儿照护的支持和指导；加大对社区婴幼儿照护服务的支持力度；规范发展多种形式的婴幼儿照护服务机构。

（4）保障措施：加强政策支持；加强用地保障；加强队伍建设；加强信息支撑；加强社会支持。

（5）组织实施：强化组织领导；强化部门协同；强化监督管理；强化示范引领。

★ 我国目前重要的学前教育法律法规

1.《中华人民共和国宪法》

《中华人民共和国宪法》（以下简称《宪法》）是中华人民共和国的根本大法，规定拥有最高法律效力。《宪法》第十九条规定："国家举办各种学校，普及初等义务教育，发展中等教育、职业教育和高等教育，并且发展学前教育。国家发展各种教育设施，扫除文盲，对工人、农民、国家工作人员和其他劳动者进行政治、文化、科学、技术、业务的教育，鼓励自学成才。国家鼓励集体经济组织、国家企业事业组织和其他社会力量依照法律规定举办各种教育事业。"《宪法》对我国教育的性质、基本任务、目标、体制和公民受教育的基本权利和义务做了规定。

2.《中华人民共和国教育法》

《中华人民共和国教育法》（以下简称《教育法》）于1995年颁布，2015年修订，是中国教育工作的根本大法，是依法治教的根本大法。《教育法》规定了：教育的性质、方针和基本原则；教育的基本制度；教育关系主体的基本权利和义务；教育投入和条件保障；法律责任。《教育法》第十七条已将学前教育纳入学校教育制度，并已规定其为我国教育的基本制度。

3.《中华人民共和国教师法》

《中华人民共和国教师法》自1994年1月起施行，是我国教育史上第一部关于教师的法律，适用于在各级各类学校和其他教育机构中专门从事教学工作的教师。它规定了教师的权利和义务；教师资格、职务与聘任制度；教师的考核培养和培训；教师的待遇；法律责任。这部法律的基本精神就是用法律来维护教师的合法权益，保障教师待遇和社会地位的不断提高，加强教师队伍的规范化管理，确保教师队伍整体素质不断优化和提高。

4. 《儿童权利公约》

《儿童权利公约》是第一部关于保障儿童权利且具有法律约束力的国际性约定，是儿童权利保护的宪章，以儿童独立的权利主体地位为中心，以儿童的最大利益为出发点，对儿童权利保护基本原则做了系统的规定。它规定了儿童生存的权利、受保护的权利、发展的权利和参与的权利等。

拓展资料
《中华人民共和国教师法》

拓展资料
《儿童权利公约》

5. 《中华人民共和国未成年人保护法》

《中华人民共和国未成年人保护法》于1991年颁布，2012年修订，是为了保护未成年人身心健康，保障未成年人合法权益，促进未成年人在品德、智力、体质等方面全面发展，培养有理想、有道德、有文化、有纪律的社会主义建设者和接班人而制定的法律。它规定了未成年人的家庭保护、学校保护、社会保护、司法保护以及相关法律责任。

拓展资料
《中华人民共和国未成年人保护法》

6. 《学生伤害事故处理办法》

教育部于2002年颁布了《学生伤害事故处理办法》，对造成在校学生人身损害后果的事故的处理进行了规定。该《处理办法》共分为：总则、事故与责任、事故处理程序、事故损害的赔偿、事故责任者的处理和附则，共四十条。该《处理办法》自2002年9月1日起施行，根据2010年12月13日《教育部关于修改和废止部分规章的决定》修正。

拓展资料
《学生伤害事故处理办法》

7. 《幼儿园管理条例》

1989年8月20日，《幼儿园管理条例》经国务院批准，自1990年2月1日起施行。《幼儿园管理条例》是为了加强幼儿园的管理，促进幼儿教育事业的发展而制定的法规，它对幼儿园的管理做了全面的规范，包括幼儿园的设置和审批规范、幼儿园的管理体制、幼儿园行政事务规范、幼儿园保教工作的基本原则等，是制定《幼儿园工作规程》和《幼儿园教育指导纲要（试行）》的依据。

8. 《幼儿园工作规程》

《幼儿园工作规程》的2016年版是在其1996年版上进行修订的。它是为加强幼儿园的科学管理，规范办园行为，提高保育和教育质量，促进幼儿身心健康，依据《中华人民共和国教育法》等法律法规制定的。《幼儿园工作规程》分为：总则，幼儿入园和编班，幼儿园的安全，幼儿园的卫生保健，幼儿园的教育，幼儿园的园舍、设备，幼儿园的教职工，幼儿园的经费，幼儿园、家庭和社区，幼儿园的管理，附则。共有11章程66条。

9. 《3—6岁儿童学习与发展指南》

为深入贯彻《国家中长期教育改革和发展规划纲要（2010—2020年）》和《国务院关

于当前发展学前教育的若干意见》，指导幼儿园和家庭实施科学的保育和教育，促进幼儿身心全面和谐发展，教育部于2012年10月9日正式颁布《3—6岁儿童学习与发展指南》（以下简称《指南》）。《指南》从健康、语言、社会、科学、艺术五个领域描述幼儿的学习与发展，分别对3至4岁、4至5岁、5至6岁三个年龄段末期幼儿应该知道什么、能做什么，大致可以达到什么发展水平提出了合理期望。它能帮助幼儿园教师和家长了解3—6岁年龄段幼儿学习与发展的基本特点，为广大家长和幼儿园教师提供了具体、可操作的指导和建议。

 ◎ 过关练习 ◎

在线练习

I. 选择题

（1）以下属于学前教育政策的有（　　）。（多选）

A.《国务院关于基础教育改革与发展的决定》

B.《关于幼儿教育改革与发展的指导意见》

C.《幼儿园管理条例》

D.《国家中长期教育改革和发展规划纲要（2010—2020年）》

（2）以下属于学前教育法规的有（　　）。（多选）

A.《中华人民共和国未成年人保护法》

B.《幼儿园工作规程》

C.《3—6岁儿童学习与发展指南》

D.《儿童权利公约》

（3）《幼儿园教育指导纲要（试行）》中将幼儿学习的范畴按照学习领域相对划分为（　　）。

A. 健康、语言、社会、科学、艺术五个领域

B. 健康、语言、社会、数学、艺术五个领域

C. 运动、语言、社会、科学、艺术五个领域

D. 健康、语言、社会、科学、美术五个领域

（4）《国家中长期教育改革和发展规划纲要（2010—2020年）》中提出要基本普及学前教育，目标为（　　）。

A. 积极发展学前教育，到2020年，普及学前一年教育，基本普及学前两年教育，有条件的地区普及学前三年教育

B. 积极发展学前教育，到2020年，普及学前两年教育，有条件的地区普及学前三年教育

C. 积极发展学前教育，到2020年，全部普及学前一年教育

D. 积极发展学前教育，到2020年，全部普及学前三年教育

（5）新中国成立以来以中共中央、国务院名义出台的第一个面向学前教育的重要文件是（   ）。

　　A.《中共中央国务院关于学前教育深化改革规范发展的若干意见》

　　B.《关于幼儿教育改革与发展的指导意见》

　　C.《幼儿园工作规程》

　　D.《国家中长期教育改革和发展规划纲要（2010—2020年）》

（6）第一部有关保障儿童权利且具有法律约束力的国际性约定是（   ）。

　　A.《儿童权利宪章》　　　　　　　　　　B.《日内瓦儿童权利宣言》

　　C.《儿童权利公约》　　　　　　　　　　D.《儿童权利宣言》

（7）幼儿教师的专业知识包括幼儿发展知识、幼儿保育和教育知识以及（   ）。

　　A. 教育技能技巧知识　　　　　　　　　　B. 通识性知识

　　C. 安全救护知识　　　　　　　　　　　　D. 教育政策法规知识

（8）《儿童权利公约》中的"儿童"，指的是（   ）。

　　A. 8岁以下的任何人　　　　　　　　　　B. 18岁以下的任何人

　　C. 16岁以下的任何人　　　　　　　　　　D. 14岁以下的任何人

（9）中小学学校校园周边（   ）范围内不得设立营业性歌舞娱乐场所、互联网上网服务营业场所等不适宜未成年人活动的场所。

　　A. 一百米　　　　　　　B. 二百米　　　　　　　C. 三百米　　　　　　　D. 四百米

2. 论述题

你知道幼儿园经费的法定来源有哪些吗？试着论述吧。

托幼机构相关法律 责任认知

○ **学习目标** ○

- ☑ 学习托幼机构相关法律，能陈述托幼机构中常见事故的类型。
- ☑ 依据相关法律，能分析发生在托幼机构中的常见事故及法律责任人。
- ☑ 依据相关法律，能陈述托幼机构中工作人员的合法权利和义务。
- ☑ 能尝试运用法律保护托幼机构中法律关系主体的合法权益。
- ☑ 体会掌握托幼机构法律法规在开展保教工作中的重大意义。

○ **学习准备** ○

- ☑ 学习材料：《中华人民共和国教育法》、《中华人民共和国教师法》、《中华人民共和国未成年人保护法》、《中华人民共和国刑法》。
- ☑ 学习设备：照相机和录音笔等调研设备、互联网资源。

○ **学习导语** ○

　　在谈及法律问题时，"法律责任"和"法律救济"是我们常常听到的熟悉的字眼。那么，什么是"法律责任"，什么是"法律救济"呢？简单地说，法律责任就是指因违反了法定义务或合同义务，或不当行使法律权利所产生的，由行为人承担的不利后果。法律救济是指公民、法人或者其他组织认为自己的人身权、财产权因行政机关的行政行为或者其他单位和个人的行为而受到侵害，依照法律规定向有关受理的国家机关告诉并要求解决，予以补救，有关国家机关受理并作出具有法律效力的活动。

　　在托幼机构中，托幼机构、婴幼儿、托幼机构的工作人员以及其他人员之间存在不同的法律关系，很多法律责任的承担就是相应的权利人的法律救济的实现。

探索 1　托幼机构中的常见事故是由谁来承担法律责任呢?

（1）托幼机构中经常会发生婴幼儿伤害的事故，应该由谁来承担法律责任呢？是教师，托幼机构，还是家长？

....

....

（2）托幼机构中出现的婴幼儿伤害事故，有时候是发生在托幼机构外，这时托幼机构还需要承担责任吗？

....

....

学习支持 1

★ 托幼机构的常见事故类型及其法律责任人

托幼机构发生的事故类型非常复杂，有与托幼机构的设施、设备有关的，有与托幼机构管理有关的，有与教职员工的保育教育有关的，也有婴幼儿自身的原因。常见的类型有以下几种。

1. 托幼机构设施设备伤害

此类伤害是由于托幼机构设施设备不安全、年久失修、建筑物倒塌、火灾等原因引起的，这类事故的责任主要是由托幼机构承担。

案例呈现

一天早上，某幼儿园大班的幼儿顺着楼道下楼去操场进行户外活动，在接近一楼的最后几个台阶处，楼梯护栏突然倒塌，幼儿纷纷跌倒，互相叠压、踩踏，造成多名幼儿受伤，其中两名幼儿骨折。事故发生后，幼儿园立即将受伤幼儿送往医院进行治疗。后经调查发现，此楼道护栏的钢筋强度不够，早前已经发现小的裂缝，因没有及时修复，所以导致事故发生。受伤幼儿的家长向幼儿园索赔，没有受伤幼儿的家长也以其子女受到惊吓为由向幼儿园提出精神损害赔偿。而幼儿园则认为，这起事故是因为施工单位施工时偷工减料导致的，应由建筑公司负责赔偿。

上述案例中的法律责任应由谁来承担呢？是幼儿园还是建筑公司？要不要赔偿受到惊吓的幼儿呢？

根据相关法律，幼儿园首先需要承担责任，但如果幼儿园能举证是因建筑公司设计、施工有缺陷而造成损害的，则可追究设计、施工单位的连带责任。

对于案例中未受伤幼儿的家长所提出的精神损害赔偿要求，法律是不支持的。《最高人民法院关于确定民事侵权精神损害赔偿责任若干问题的解释》第一条规定："自然人因下列人格权利遭受非法侵害，向人民法院起诉请求赔偿精神损害的，人民法院应当依法予以受理：生命权、健康权、身体权；姓名权、肖像权、名誉权、荣誉权；人格尊严权、人身自由权。违反社会公共利益、社会公德侵害他人隐私或者其他人格利益，受害人以侵犯为由向人民法院起诉请求赔偿精神损害的，人民法院应当依法予以受理。"在这起事故中，幼儿园并没有侵害未受伤幼儿的上述权利，所以不应承担精神损害赔偿责任。

2. 托幼机构管理不当伤害

托幼机构因在管理上存在失误或不当而导致的幼儿伤害事故，须承担相应的法律责任。

案例呈现

某公司投巨资兴建了一所大型幼儿园。为了招生宣传的需要，要求门卫对来园参观的人员一律放行，以此提高知名度。5岁的李杨在妈妈的陪伴下开着一辆电动三轮车来园参观。当他们母子行至游乐场斜坡地段时，电动三轮车自动加速，直冲进游乐场。正在组织本班幼儿户外活动的刘老师和张老师发现这一险情时，马上扑了上去，但已经来不及了。失控的三轮车已经将正在游戏的秦冰撞倒，车轮碾过了秦冰的右腿。刘老师迅速抱起秦冰将其送至医务室，紧急处理后，马上送往医院，同时通知秦冰的家长。经医院确诊，秦冰的右腿骨折。

这样一起涉及园内幼儿的伤害事故，该由谁来承担责任呢？

案例中，幼儿园准许外来人员及车辆随便进入园内参观，又没有采取相应的安全措施，存在安全管理制度的疏漏，即幼儿园在管理上有过失。刘老师和张老师按照教学要求开展教学活动，整个教学过程没有违背教学常规，对突发危险情况已尽最大努力进行阻止，事故发生后也立即采取了救护措施，并及时通知了家长，其行为并无不当，事故的发生与两位老师的行为不构成因果关系，因此两位老师不应承担事故责任。案例中的幼儿李杨，不满10周岁，属于无民事行为能力人。李杨的母亲作为其监护人没有尽到监护责任，因此应承担事故的民事责任，并应作相应赔偿。

此案例说明，在幼儿园举办大型、开放性的活动时，应依法加强、规范管理，减少或避免工作中的过错或过失，预防意外事故的发生。

3. 教职工保教工作伤害①

在托幼机构中，由于教师、保育员等人员工作的疏忽，如擅自离岗，或者对婴幼儿安全措施保障不力，甚至言语行为不当，造成婴幼儿身心受伤害等，这类事故的责任主体是托幼机构。

案例呈现

一天，某幼儿园中班小朋友正在上科学课，任课的张老师因有人来找，就离开了教室前去接待。张老师走后，幼儿丁晓离开自己的座位，走到小朋友刘红的座位旁边玩耍，无意中将一支铅笔戳入了刘红的右眼。刘红顿时疼得大声哭叫，被路过教室的其他教师发现。张老师随后闻讯赶来，立即与其他教师一起将刘红送往医院。经医院诊断，刘红的右眼眼底出血，视网膜破损，后住院治疗1个月后出院，但右眼无法再恢复到原来的视力。出院后，刘红的父亲向法院起诉，要求幼儿园和丁晓赔偿刘红受伤的全部经济损失，并追究幼儿园的其他法律责任。

这样一起涉及教师工作疏忽的案例，应由谁来承担法律责任呢？

本案中，刘红小朋友的伤害事故是发生在幼儿园的。教师在上课时擅自离开工作岗位，以致不能发现事故苗头并及时制止事故发生，是一种保育、教育职责上的严重失职行为，幼儿园明显存在过错。除了园方，加害人的家长平时对子女教育不够，也是导致事故发生的原因之一。幼儿丁晓在上课时间不遵守课堂秩序，擅自离开座位伤害了其他小朋友，因此丁晓也有一定的过错。由于丁晓是未成年人，无力承担其民事赔偿责任，根据《中华人民共和国民法通则》的有关规定，应由其监护人承担民事责任。

在本案中，幼儿园应和加害人的监护人共同承担民事责任，法院对此案判决如下：（1）该幼儿园赔偿刘红治疗费用4 000元；（2）丁晓的监护人赔偿刘红治疗费用1 000元。

张老师应当承担一定的行政责任。在《学生伤害事故处理办法》第三十二条中规定，发生学生伤害事故，学校负有责任且情节严重的，教育行政部门应当根据有关规定，对学校的直接负责的主管人员和其他直接责任人员，分别给予相应的行政处分。

根据上述案件可知，托幼机构应该加强教师的职业道德教育，强化教职工的工作职责意识。教师和保育员要忠于职守，认真负责，减少、避免伤害事故的发生。在日常工作中，教师和家长要提高婴幼儿的安全意识，加强对婴幼儿的安全教育，防患于未然。

---

① 周天枢主编：《幼儿园100个法律问题》，新世纪出版社2010年版。此处有少量改动。

在托幼机构中偶尔会出现因教职工体罚、侮辱幼儿而引起的幼儿伤害事故。根据《教育行政处罚暂行实施办法》规定，单位或个人体罚或变相体罚幼儿的，由教育行政部门对直接责任人员给予警告、一千元以下的罚款，或者由教育行政部门建议有关部门对责任人员给予行政处分；情节严重，构成犯罪的，由司法机关依法追究刑事责任。

因此，托幼机构的教职员工要以良好的师德要求自己，任何情况下都不能体罚或变相体罚幼儿。

4. 外出活动伤害

外出活动伤害是指托幼机构在组织婴幼儿外出活动时引起的伤害，包括因在参观、浏览、庆祝活动中管理组织不善而造成的婴幼儿伤害事故。这类事故的责任主体是托幼机构。

案例呈现

　　幼儿园组织小朋友到游乐场秋游。在乘坐游园小火车时，欣帆小朋友突然从座位上站了起来，兴高采烈地去摸轨道边的树叶。结果小火车转弯时，欣帆一下子就摔倒了，扭伤了颈椎，身上多处擦伤、挫伤，当场大哭起来。事故发生后，欣帆的家长向幼儿园提出损害索赔。但幼儿园认为应该找游乐场，因为造成这起伤害事故的直接原因是欣帆坐上小火车后安全带没有扣紧，而游乐场的管理人员在小火车出发之前没有检查出这一漏洞，使欣帆可以在小火车行进时突然站立而酿成事故，所以应该是游乐场承担责任。可游乐场则声称，欣帆是在乘坐小火车的过程中自己解开安全带的，幼儿园作为本次活动的组织者，负有安全教育不到位和照料不周全的责任，应由幼儿园承担赔偿责任。

这是一起在托幼园所外发生的事故。如果游乐场和幼儿园都认真、全面地履行了相关安全措施，监督、检查措施到位，而事故只是因为孩子不听话，自己动手解开了安全带而发生的，那么事故的责任是需要自己承担的。但是经调查发现，欣帆是由于安全带没有扣紧才能在小火车行进中站起来的。因此，在这起幼儿伤害事故中，游乐场的管理不善、工作人员执行安全检查时的疏忽是造成幼儿受伤的直接原因，应负主要责任。

幼儿园在此案中没有履行好管理、保护的职责，也存在过错。《学生伤害事故处理办法》第九条第（四）项规定，"学校组织学生参加教育教学活动或者校外活动，未对学生进行相应的安全教育，并未在可预见的范围内采取必要的安全措施的"，要承担相应的责任。调查发现，教师在幼儿坐小火车之前没有提醒幼儿要扣紧安全带以及火车开动时不能乱动，有疏于安全教育的责任，所以幼儿园要对事故负次要责任。

上述案例告诉我们，幼儿园应为幼儿选择安全的活动场所，安排安全的、符合幼儿年龄特点的活动。教师要有安全意识，并加强对幼儿的安全教育和自我保护教育。

探索 2 | 托幼机构教职员工的权利和义务有哪些?

(1)你知道托幼机构教职员工有哪些权利吗? 请列举出来。

....

....

(2)你知道托幼机构教职员工有哪些义务吗? 请列举出来。

....

....

学习支持 2

★ 托幼机构教职员工的权利①

幼儿教师作为自然人,扮演的是公民角色,享有相关法律法规赋予公民的各种权利,即教师的公民权利。同时,幼儿教师作为教育教学人员,享有相关教育法律法规赋予教师的权利,即教师的职业权利。这两部分权利既相互联系,又相互区别。

1. 幼儿教师作为公民的基本权利

幼儿教师作为公民依法享有相关法律赋予公民的基本权利。依照我国宪法的规定,幼儿教师的基本公民权利主要包括政治权利、宗教信仰权、平等权、人身权、人格权等。幼儿教师作为一般公民所享有的权利中最重要的是人身权利和人格权利。教师的人身权利是指包括教师的生命权、健康权和人身自由权在内的一项重要权利。教师的人格权利主要是指教师的人格尊严不受侵害,它包括名誉权、荣誉权、隐私权、肖像权、姓名权等一系列与人格尊严有关的权利。

2. 幼儿教师作为专业教育教学人员的职业权利

(1)作为劳动者的幼儿教师。由聘任产生的幼儿教师,与幼儿园之间属于劳动合同关系,双方地位平等,分别是劳动者和用人单位的身份。我国《中华人民共和国劳动法》(以下简称《劳动法》)第三条规定了劳动者的基本劳动权利。

① 平等就业和选择职业的权利。

② 取得劳动报酬的权利。

③ 休息休假的权利。

---

① 周天枢主编:《幼儿园 100 个法律问题》,新世纪出版社 2010 年版。此处有少量改动。

④ 获得劳动安全卫生保护的权利。

⑤ 接受职业技能培训的权利。

⑥ 享受社会保险和福利的权利。

⑦ 提请劳动争议处理的权利。

⑧ 法律规定的其他劳动权利。

（2）作为教育者的幼儿教师。幼儿教师作为专业教育教学人员，享有特定的职业权利。《中华人民共和国教师法》（以下简称《教师法》）第七条规定，教师享有下列权利。

① 进行教育教学活动，开展教育教学改革和实验。

② 从事科学研究、学术交流，参加专业的学术团体，在学术活动中充分发表意见。

③ 指导学生的学习和发展，评定学生的品行和学业成绩。

④ 按时获取工资报酬，享受国家规定的福利待遇以及寒暑假期的带薪休假。

⑤ 对学校教育教学、管理工作和教育行政部门的工作提出意见和建议，通过教职工代表大会或者其他形式，参与学校的民主管理。

⑥ 参加进修或者其他方式的培训。

案例呈现

　　李梅幼师毕业后，应聘到某幼儿园工作。该幼儿园每个周六、周日都不放假，没有暑假，寒假也只有一个星期。老师是一个人带一个班，从来没有时间休假和进行业务学习。李梅和她的同事曾多次提出，老师应该享有一定的假期，也希望能有一些学习的机会。园长却总以工作忙，要多为幼儿家长着想等理由搪塞。无奈之下，李梅和同事们一起到当地教育行政部门反映情况，强烈要求幼儿园应考虑教师的权利和应享受的待遇。

　　李梅是否小题大做？该幼儿园的做法是否合理？作为幼儿园的教职员工在工作中应享有哪些权利？

　　案例中，李梅所在幼儿园的园长以幼儿园工作太忙为由不安排教师休息和参加培训学习，这是不合理的，违反了《劳动法》和《教师法》的相关规定。本案例中，幼儿园周六、周日都不放假的做法，侵害了教师的休息权。幼儿园如果需要安排教职员工在节假日加班，则须征得教师的同意并支付加班费。此外，幼儿园应利用一切条件和机会，安排教职员工参加在职培训和学习。李梅找当地教育行政部门申请解决的要求是合理的。

★ 托幼机构教职员工的义务

　　幼儿教师的义务是指教师依法应当承担的各种职责。幼儿教师的基本义务可以分为两个部分：一是作为公民应承担的义务；二是作为教师应承担的义务。作为一名教师，在享有相关法律法规所规定的权利的同时，也必须履行一定的义务。教师的义务是从事教育教学工作必须履行的责任，表现为教师在教育活动中必须做出一定的行为，或不得做出一定的行为的约束。

1. 幼儿教师作为公民的基本义务

根据我国宪法的规定，教师作为普通公民，应履行以下义务。

① 中华人民共和国公民有维护国家统一和全国各民族团结的义务。

② 中华人民共和国公民必须遵守宪法和法律，保守国家秘密，爱护公共财产，遵守劳动纪律，遵守公共秩序，尊重社会公德。

③ 中华人民共和国公民有维护祖国的安全、荣誉和利益的义务，不得有危害祖国的安全、荣誉和利益的行为。

④ 保卫祖国、抵抗侵略是中华人民共和国每一个公民的神圣职责。依照法律服兵役和参加民兵组织是中华人民共和国公民的光荣义务。

⑤ 中华人民共和国公民有依照法律纳税的义务。

2. 幼儿教师作为专业教育教学人员的义务

根据《教师法》第八条的规定，幼儿教师应当履行下列义务。

① 遵守宪法、法律和职业道德，为人师表。

② 贯彻国家的教育方针，遵守规章制度，执行幼儿园的保教计划，履行教师聘约，完成教育教学工作任务。

③ 对幼儿进行思想文化教育和组织幼儿开展有益的社会活动。

④ 关心、爱护全体幼儿，尊重幼儿人格，促进幼儿全面发展。

⑤ 制止有害于幼儿身心健康成长的行为和现象。

⑥ 不断提高思想政治觉悟和教育教学业务水平。

案例呈现

某幼儿园教师王云，两年前来园工作。工作一年后与一男青年恋爱并确定了关系。之后，她常常无故缺课、迟到、早退，并在园内组织的多次业务考核中成绩不合格、不称职。园方组织考核不合格的教师参加培训，但培训后王云仍无法胜任工作。今年3月园方将其解聘。王云不服，认为自己并没有在工作中出现重大过错，园方不应对她进行如此处理。

《中华人民共和国劳动合同法》第四十条规定：有下列情形之一的，用人单位提前三十日以书面形式通知劳动者本人或者额外支付劳动者一个月工资后，可以解除劳动合同。

（1）劳动者患病或者非因工负伤，在规定的医疗期满后不能从事原工作，也不能从事由用人单位另行安排的工作的。

（2）劳动者不能胜任工作，经过培训或者调整工作岗位，仍不能胜任工作的。

（3）劳动合同订立时所依据的客观情况发生重大变化，致使劳动合同无法履行，经用人单位与劳动者协商，未能就变更劳动合同内容达成协议的。

本案中，王云在其任职期间，没有遵守园方的规章制度，没有恪守教师职业道德，没能履行一名幼儿教师应尽的义务和职责，经过培训仍然不能完成正常的教育教学任务，因此，园方可以做出解聘处理。

○ 过关练习 ○

I. 单选题

（1）《中华人民共和国教师法》中规定教师有下列情形之一的，由所在学校、其他教育机构或者教育行政部门给予行政处分或者解聘。以下（   ）不属于"下列情形"。

　A. 故意不完成教育教学任务给教育教学工作造成损失的

　B. 体罚学生，经教育不改的

　C. 品行不良、侮辱学生，影响恶劣的

　D. 教育方法不当导致幼儿心理出现异常情况的

（2）父母或者其他监护人侵害被监护的未成年人的合法权益的，应当（   ）。

　A. 依法承担责任　　　　　　　　　　B. 不承担责任

　C. 视情况承担责任　　　　　　　　　D. 承担部分责任

（3）修订的《义务教育法》规定，实施义务教育，不收（   ）。

　A. 学费　　　　　　　　　　　　　　B. 杂费、书本费

　C. 学费、杂费　　　　　　　　　　　D. 学费、杂费、住宿费

（4）学校、幼儿园的教职工应当尊重未成年人的（   ），不得对未成年学生和儿童实施体罚、变相体罚。

　A. 个人志愿　　　　　　　　　　　　B. 人身自由

　C. 人格尊严　　　　　　　　　　　　D. 身体健康

（5）教唆、帮助他人实施侵权行为的，（   ）与行为人承担连带责任。

　A. 应当　　　　　　　　　　　　　　B. 无须

　C. 不必　　　　　　　　　　　　　　D. 视实际情况

（6）根据法律规定推定行为人有过错，行为人不能证明自己没有过错的，（   ）承担侵权责任。

　A. 应当　　　　　　　　　　　　　　B. 视实际情况

　C. 部分　　　　　　　　　　　　　　D. 不必

2. 案例分析题

在幼儿园的户外活动期间，大班的李老师、王老师负责组织幼儿户外活动。幼儿小A和小B较为调皮，趁两位老师不注意，跑到偏僻的地方玩游戏，并相互追逐。游戏过程中，小A推倒了小B，导致小B手臂骨折。事故发生后，幼儿园的工作人员及时送小B到医院进行治疗。幼儿园为小B支付了医疗费。

请运用相关的法律法规分析，该案例中幼儿园应承担什么样的法律责任？为什么？

_____

_____

_____

_____

_____

_____

_____

_____

_____

学习
任务 **5**

托幼机构
人际沟通

任务导入

　　托幼机构保教工作人员的人际关系较简单，他们每天接触最多的就是婴幼儿和家长，因此如何与婴幼儿、家长沟通，是他们人际沟通的重要内容。不同年龄段的婴幼儿，表达需要及情绪情感的方式不同，保教工作人员要熟悉婴幼儿的基本需要和情绪情感的表达方式，掌握基本的与婴幼儿沟通的方式和技巧。此外，保教工作人员还需要与家长保持良好沟通，形成家园共育，为婴幼儿的健康成长服务。

任务目标

- 能列举婴儿的基本需要。
- 能根据婴儿的动作、表情、语言等判断婴儿的基本需要。
- 能归纳与幼儿、家长有效沟通的基本要求及常用的策略技巧。
- 能使用有效沟通的方法及策略,对现实或案例中的沟通行为进行评析。

建议学时

13学时。

学习活动流程

- 学习活动1:与婴儿沟通(3学时)。
- 学习活动2:与幼儿沟通(5学时)。
- 学习活动3:与家长沟通(5学时)。

▲ 与幼儿积极沟通

学习活动 1　与婴儿沟通

○ **学习目标** ○

- ☑ 列举婴儿的基本需要。
- ☑ 能根据婴儿的哭声及肢体语言，初步辨别婴儿的需求，并做出敏锐、及时的回应。
- ☑ 读懂"婴语"，懂得与婴儿进行有效沟通对婴儿身心发展的重要意义。

○ **学习准备** ○

- ☑ 学习材料：《婴语的秘密》（特蕾西·霍格等著，天津社会科学院出版社）、《婴幼儿及其照料者》（珍妮特·冈萨雷斯－米纳著，商务印书馆）、《育婴师》（丁昀，中国劳动社会保障出版社）、《上海市0—3岁婴幼儿教养方案》。
- ☑ 学习设备：照相机和录音笔等调研设备、互联网资源。

○ **学习导语** ○

　　新生儿呱呱坠地后，在最初的一年里用什么方式与成人沟通呢？婴儿为什么总是爱哭呢？婴儿每次哭的含义一样吗？你能理解婴儿的需要吗？面对一个懵懂无知的婴儿，你如何与他交往呢？一系列的问题，说明了婴儿有着自己的世界，我们成人只有走进婴儿的世界，理解他们的语言，读懂他们的需求，才能更好地与他们沟通，对他们进行良好的照顾和养育。

▲ 读懂婴儿的语言

探索 **1**   与婴儿沟通的重要价值有哪些?

一次课堂上,同学们针对父母要不要和婴儿沟通展开了激烈争论。有的同学说,婴儿不会说话,也听不懂大人讲什么,不必跟他们沟通,大人只要让他们吃好、穿好、睡好就行了。有的同学说,婴儿虽然不会讲话,但他们也有情感,大人需要和他们多说话,多进行身体上的接触,多拥抱他们,这样孩子才会健康地成长。你是怎么看待这个问题的呢? 你认为有必要和婴儿进行沟通吗? 请把你的看法写下来。

....

....

....

....

....

学习支持 **1**

★ 与婴儿沟通的重要价值

婴儿天生就喜欢与人交流,喜欢看人的五官,喜欢发出愉快的声音表示欢喜,喜欢父母亲的拥抱。婴儿有自己独特的与人沟通的方式,他们往往通过哭闹表达消极情绪;而自发性微笑则表示他们的生理和心理状态良好。当他们感觉孤独、无聊时,会自发地用眼睛搜寻交流者,会发出一些喉音表达交流的愿望;当他们的交流愿望没有得到满足时,他们会不停地扭动身体,不断地挥舞手脚来引起成人的关注。

婴儿通过与可依赖的成人之间的日常互动建立信任感,当婴儿发现自己可以表达需求,并且能够得到回应时,他们就会建立起安全感。当他们发现可以依靠自己的力量解决问题时,他们的自信心就会得到提升。所以,婴儿与亲密的照料者应该形成尊重的、回应的、双向的沟通互动方式,这样才能促进婴儿与成人之间良好关

▲ 父母积极地与孩子沟通

系的建立。

　　研究表明，经常与父母亲面对面交流的婴儿，其认知水平明显高于缺乏交流与关爱的婴儿。而父母亲对新生儿的心理活动缺乏了解，在婴儿养育中忽视与婴儿的交流与沟通，不能及时满足婴儿心理发育的需求，将会对婴儿的心理发育产生不可逆的危害。

　　所以，作为未来的保教工作者，我们要积极宣传与婴儿沟通的重要意义，走进婴儿的世界，读懂他们的需求，并学习指导家长与婴儿沟通。

知识链接

怎样成为好父母

（1）尊重你的宝宝。

（2）将宝宝当作一个特殊的独立个体来了解。

（3）和宝宝交流，而并非说教。

（4）注意观察，当宝宝有需求时尽量满足他。

（5）在每日固定提供的具有依赖性、结构性和预见性的行为的前提下，让宝宝了解下一时刻将会发生什么。

探索2　婴儿有哪些需要？

　　分小组讨论婴儿的基本需要有哪些，每组选一名代表在班内分享讨论结果。

学习支持 2

★ 婴儿的需要

▲ 婴儿通过探索获得满足

婴儿的基本需要包括生存需要、安全需要、成功需要、交往需要。为了满足婴儿的生存需要，成人需要为婴儿提供必要的生活条件，包括吃、穿、住、用等。为了满足婴儿的安全需要，成人需要为婴儿提供生理安全环境和心理安全环境。婴儿的成功需要体现在通过探索、实践、尝试获得满足和成功。同时，婴儿也有与成人和同伴交往的需要，成人在照料婴儿的过程中，要始终注重与婴儿沟通，注重创造婴儿与同伴交往的机会。

探索 3 你能读懂"婴语"吗？

婴儿通常用各种声音(咿呀声、哭声、笑声)、表情神态和肢体动作来表达自身的各种需要。因此，想要与婴儿沟通，了解婴儿的各种需要，就必须先掌握婴儿的各种声音、表情神态和肢体动作所表达的含义。

观察下面几幅图片，说说图片上的婴儿可能有什么需要，并说明原因。

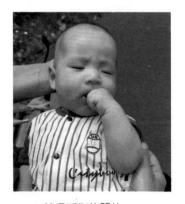

▲ 吮吸手指的婴儿

▲ 揉眼睛的婴儿

▲ 用力屏气的婴儿

学习支持 3

★ **读懂"婴语"**

1. 当婴儿饥饿时

▲ 想进食的婴儿

婴儿表达饥饿的方式有：

（1）头转向一边并扬起脖子（嘴巴张开）。

（2）嘴唇缩拢或撅起。

（3）2.5—3小时未进食，小手伸到嘴边想吮吸。

（4）哭闹。

（5）有简单的语言表示。

2.当婴儿瞌睡时

▲ 打瞌睡的婴儿

婴儿表达想睡眠的方式有：
（1）无意识地垂下小胳膊、小腿。
（2）小脸埋于胸前。
（3）眨眼、抓耳朵、挠自己的小脸。
（4）弓起后背、向后靠。
（5）哭闹、情绪烦躁。

3.当婴儿想排便时

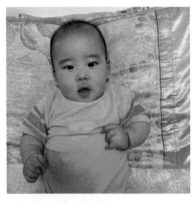

▲ 想排便的婴儿

婴儿表达想排便的方式有：
（1）满脸通红。
（2）停止游戏，站在原地不动。
（3）定睛。
（4）用力屏气。
（5）安静，情绪平和。

知识链接 🔍   ⊟ 🗖 ✕

婴儿的肢体语言①

肢体语言与信号含义

部位	肢体语言	信号含义
头部	晃来晃去	累了
	从每个目标上移开	想换换景色

---

① （美）特雷西·霍格、梅琳达·布劳著：《婴语的秘密》，天津社会科学院出版社2011年版。

（续表）

部位	肢体语言	信号含义
头部	转到一边并仰起脖子（嘴巴张开）	饿了
	在身体处于直立姿势时不断点头，就像人们在地铁里站着打瞌睡	累了
眼睛	颜色发红，有血丝	累了
	慢慢闭上然后猛地睁开，不断重复此动作	累了
	眼睛睁开，不眨眼，呆望远方	过度疲劳或过度兴奋
嘴/嘴唇/舌头	打呵欠	累了
	嘴唇缩拢或撅起	饿了
	似乎想尖叫但又没有发出声音，最后在放声大哭之前会深吸一口气	呼吸困难或有其他不适
	下嘴唇颤抖	冷了
	吮吸舌头	自我安慰的一种方式，常被误认为饿了
	舌头朝一侧翻卷	饿了（典型动作）
	向上卷舌，像条小蜥蜴，无吮吸动作	呼吸困难或有其他不适
面部	作怪相，通常像吃糖一样"嘎吱嘎吱"地咬或嚼。如果躺下可能开始气喘，翻转眼珠子，露出类似微笑的表情	呼吸困难或有其他不适，或者正要排便
	面部发红，太阳穴静脉凸出	哭了太长时间，由呼吸不畅、血管扩张引起
双手/胳膊	小手伸到嘴边，想吮吸	如果没按照2.5—3小时的频次给宝宝喂奶那便表示饿了，否则就是想吮吸
	玩弄手指头	想换个环境
	乱摇乱摆极不协调，想搔弄皮肤	太累了，或者呼吸不畅
	摇动胳膊，稍稍颤抖	呼吸困难或者有其他不适

（续表）

部位	肢体语言	信号含义
躯干	蜷缩、背部呈拱形，想吮吸乳头或奶嘴	饿了
	扭动，不停地翻身	尿布湿了或怕冷，也有可能呼吸不畅
	身体僵直	呼吸困难或有其他不适
	颤抖	冷了
皮肤	又潮又湿，汗涔涔的	过热，或哭泣时间过长
	呈现特别的青蓝色	冷了，或有呼吸困难等不适，或哭闹时间过长
	密密麻麻的鸡皮疙瘩，小脓疮、丘疹	冷了
腿部	强有力但不协调地踢腿	累了
	把腿拉回胸部	呼吸困难或腹部不适

探索 4 宝宝为什么爱哭？

表姐家的宝宝2个月大，她最近很苦恼，宝宝总是哭，这令她很沮丧，觉得自己没照顾好孩子，都有点抑郁了。请你从专业的角度开导一下她。

....

....

....

....

....

....

....

....

学习支持 4

★ 婴儿的哭声[1]

每当婴儿烦躁激动或放声啼哭时，不要焦虑，因为婴儿与外界最主要的沟通交流方式（他们的语言）就是哭声和肢体动作。当婴儿啼哭时，成人首先要安定下来，告诉自己不要焦虑，记住哭声是婴儿的语言。其次，听一听这独特的哭声到底暗含什么意思。接着，看一看婴儿在干什么，发生了什么事情。结合你的所见所闻分析判断并做出回应。下面的表格可能会帮助你做出正确的判断。

▲ 婴儿啼哭

婴儿意图及哭声

婴儿意图	婴 儿 哭 声
婴儿饿了、渴了	哭声洪亮，音调高，而且有规律，同时还伴有闭眼、号叫、双脚紧蹬等动作
婴儿冷	哭声低，乏力，皮肤起皱或泛紫，严重时苍白、干燥，全身蜷曲，动作减少
婴儿热	哭声响亮，有力，皮肤潮红，额面部可以看到轻度出汗，四肢出现活动，严重者可出现轻度发热
婴儿尿湿了	哭声常突然出现，有时很急，下肢的活动比上肢的活动要多。解便前有时有面色涨红呈用力状
婴儿要睡觉	如果婴儿累了，却又不容易入睡，会哭吵，且哭声响亮，双手揉搓面部，尤其是鼻子和眼睛
婴儿怕	对突然出现的声音、体位变化或其他外界刺激的反应，先出现受惊吓的表现，如双臂举起，呈拥抱状，或哆嗦一下等，哭声随后立即出现，哭声急，面部涨红
婴儿想和人一起玩	先是长时间小声哼哼，低沉单调，断断续续。如果没有人去理他，就要大哭起来
婴儿生病了	病理性哭吵多为持续性剧烈哭闹，持续时间长

---

[1] 百度文库：https://wenku.baidu.com/view/13e1ee06a48da0116c175f0e7cd184254a351bfb.html?fr=search。

婴儿沟通能力发展的里程碑和沟通障碍的警告信号①

1. 小婴儿（出生至8个月）

小婴儿最初进行沟通是为了满足自己的需求，随后，他们会在沟通中增加一些有趣的交换，学习与照料者互动的节奏。在这一时期，沟通障碍的警告信号包括以下几点。

- 对社交接触者普遍缺乏兴趣（婴儿回避目光接触，身体僵直）。
- 对人的声音或其他声音无反应。

2. 能移动的婴儿（6—18个月）

能移动的婴儿运用语言进行一些有趣的尝试，且交流具有目的性。这一时期，婴儿通常能说出他们的第一句话。他们会反复地练习新学会的词语，并随时随地使用它们。在这一时期，沟通障碍的警告信号包括以下几点。

- 在8—9个月大时，婴儿停止了咿呀学语。
- 即使在熟悉的环境中，婴儿也没有兴趣与物品和照料者互动。
- 在9—10个月大时，婴儿不会追踪成人所指的方向。
- 在11—12个月大时，婴儿不会给予、展示或指向物品。
- 在11—12个月大时，婴儿不会玩拍手游戏或藏猫猫游戏。

3. 大婴儿（16—36个月）

这一时期是儿童典型的语言爆发期，婴儿掌握的词汇量迅速增加，并且他们还开始使用一些简单的语法。在这一时期，沟通障碍的警告信号包括以下几点。

（1）在24个月之前，儿童：

会说的词语等于或少于25个。

（2）在36个月之前，儿童：

- 词汇量有限。
- 只能说很短、很简单的句子。
- 出现的语法错误比同龄儿童多。
- 不能谈论未来的事件。
- 大部分时间都不能理解问题。
- 经常被其他人误解。
- 相比同龄人，社会互动的形式较少。
- 难以维持一段对话。

---

① （美）珍妮特·冈萨雷斯—米纳等著：《婴幼儿及其照料者》，商务印书馆2016年版。

探索与 与婴儿沟通的"锦囊秘籍"有哪些？

以小组合作的形式，阅读《上海市0—3岁婴幼儿教养方案》，归纳与不同月龄段婴儿沟通互动的策略，并任选一个月龄段，模拟进行互动小游戏。

....

....

....

....

....

....

....

....

学习支持与

★ 与婴儿沟通的策略及游戏案例

互动策略建议及推荐小游戏

月龄	互动策略建议	推荐小游戏
1—3	• 提供便于抓握、带声响、色彩鲜艳、无毒卫生的玩具，帮助婴儿练习俯卧抬头、目光追视、抓握、侧翻等动作 • 经常面对面地和婴儿逗引交流，引发其对亲近的人和熟悉的声音产生反应。促使其情绪愉快，培育依恋亲情 • 悉心辨析哭声，给予积极回应，满足其不同需要	• 名称：看见什么 • 适合月龄：3个月 • 玩法：用一根长浴巾，爸爸妈妈分别抓住浴巾的一头左右两个角，让婴儿睡在长浴巾上，头高脚低，并随毛巾左右摇摆起来。注意毛巾离地垫10—15厘米左右，要抓紧，摆动要慢，弧度不要太大，还可以配合儿歌

（续表）

月龄	互动策略建议	推荐小游戏
4—6	• 呼唤婴儿的名字，帮助婴儿学习辨别亲近人的声音 • 在生活照料过程中，始终保持与婴儿沟通 ▲ 同婴儿一起游戏，积极互动	• 名称：虫虫飞 • 适合月龄：6个月 • 玩法：拉住婴儿的小手，让手指放松，训练婴儿食指和食指对碰，一边碰一边说："虫虫飞，虫虫飞，飞到南山喝露水，露水没喝到，回来吃青草。"每天几次，培养婴儿的言语听觉和愉快情绪，同时让婴儿手指分开独立完成活动
7—12	• 帮助婴儿练习独坐、爬行、扶站、独立站、扶走、捏拿小物件、两手配合倒物等动作 ▲ 运用恰当的沟通方式鼓励婴儿练习爬行	• 名称：爬爬走走 • 适合月龄：10个月 • 玩法：准备塑料地毯、草垫、光滑木板、橡皮地垫。将这些不同质地的垫子平铺在地上，让婴儿自己去爬。当婴儿爬粗糙的垫子时，要鼓励婴儿爬过去；也可以让婴儿用手先去摸摸，再让他爬。家长还可以让婴儿穿着薄的袜子或者赤脚，双手扶着在这些垫子上行走，让婴儿接受触觉刺激。多爬几次，多走几次，婴儿就适应了
13—18	• 鼓励婴幼儿模仿成人的单词或短句，学着称呼人、用单词句表达自己的需求 • 感知生活周围的花草和树木、人和物，指指认认，帮助其初步建立实物和图片、物体和词语之间的联系 • 充分感受色彩和形状，尝试涂涂画画	• 名称：小手涂一涂 • 适合月龄：13个月 • 玩法：准备一张大纸。让婴幼儿自由涂画，培养婴幼儿创作的欲望，训练婴幼儿手部肌肉的灵活性

（续表）

月龄	互动策略建议	推荐小游戏
19—24	• 鼓励婴幼儿辨别周围生活环境中的常见物，对物体的形状、冷热、大小、颜色、软硬等差别明显的特征有充分的感知体验 • 鼓励婴幼儿学用简单句（双词句）表达自己的需求，说出自己的名字，可进行亲子阅读、听故事、学念儿歌	• 名称：看样学样 • 适合月龄：20个月 • 玩法：家长和婴幼儿面对面坐好，伴着节奏和婴幼儿一起做动作，通过动作让婴幼儿认识身体的主要部位 • 儿歌：小手小手拿起来，我们摸摸眼睛；小手小手拿起来，我们摸摸鼻子；小手小手拿起来，我们摸摸嘴巴；小手小手拿起来，我们摸摸耳朵；小手小手拿起来，我们拍拍小手
25—36	• 引导婴幼儿学用普通话大胆表达自己的需求，理解并乐意执行成人简单的语言指令 • 鼓励并陪伴婴幼儿阅读，引导其讲述简单的事情和学讲故事、唱儿歌	• 名称：手指操 • 适合月龄：29个月 • 玩法：一边读儿歌一边带宝宝做手指操 • 儿歌：小手拍拍，小手拍拍，我的小手举起来。小手拍拍，小手拍拍，我的小手张起来。小手拍拍，小手拍拍，我的小手抱起来。小手拍拍，小手拍拍，我的小手转起来。小手拍拍，小手拍拍，我的小手握起来。小手拍拍，小手拍拍，我的小手甩起来

案例呈现

不愿意问候的宝宝

1.案例回顾

9月开学初，在早上来园的时段，豆豆在家人的陪伴下来到了早教中心。

"豆豆早！"老师和豆豆亲切地打招呼，豆豆眼睛立马"逃开"，小身体慢慢"挪"到家人的身后，抓着家人的衣角，抿着小嘴，垂着头一声不吭。

"豆豆，我们先和小鱼说早，好吗？"老师指指放在一边的小鱼缸，游来游去的小鱼马上吸引了他的目光，豆豆拉拉家人的衣服，示意一起过去，远远地朝着小鱼招招手，嘴巴里"挤"出一丝轻轻的声音，说："小鱼，你好！"

"再和小乌龟问声好。"在老师的提示下，豆豆又近了一些，仔细看着小乌龟的"行踪"，嘴角略带笑意地和小乌龟招招手问候。

用这样的方式，一段时间后，豆豆来园除了和他喜欢的小动物们问候，还能在家人的引导下和老师问好。

2. 分析

婴幼儿期的宝宝更喜欢熟悉的人和熟悉的事物。9月初正值开学，面对新的环境、陌生的老师，宝宝会用"保持距离"、"敬而远之"的方式来获取安全感。这时候老师和宝宝的互动要特别谨慎，避免过分热情或唐突的要求，可以用缓冲、问候迁移、循序渐进等方式，适度地引导，静待花开，帮助宝宝迈出成长的一小步。

3. 指导建议

（1）老师可以引导宝宝先和他们喜欢的小动物打招呼问候，在语言互动的"热身"之后，更容易引发宝宝交流的意愿。

（2）在日常活动中适度和宝宝做简短的交流，给予语言的鼓励，当宝宝逐步熟悉和了解老师的时候，他们也就开始接纳老师了。

（3）可以和家长事先沟通，每天来园时，先让陪同宝宝的家长和老师打招呼，老师同样也会亲切地回应家长，让家长在孩子面前做一个榜样示范作用，同时也让孩子感受到老师和自己的家人是亲密的关系，让孩子放松"警惕"。

过关练习

在线练习

I. 单选题

（1）"婴语"即婴儿的语言，包括0—1岁宝宝的（　　）。

　　A. 身体语言　　　　　　　　　　　　B. 心理语言

　　C. 行为语言　　　　　　　　　　　　D. 以上三项都是

（2）《上海市0—3岁婴幼儿教养方案》中指出"关爱儿童、满足需求"的教养理念就是要重视对婴幼儿的（　　）。

　　A. 情感关怀　　　　　　　　　　　　B. 健康关怀

　　C. 心理关怀　　　　　　　　　　　　D. 以上三项都不是

（3）（　　）是指提供婴幼儿必要的生活条件，包括吃、穿、住、用等。

　　A. 成功需要　　　　B. 生存需要　　　　C. 交往需要　　　　D. 安全需要

（4）（　　）不属于婴儿在要排便情况下的表现。

　　A. 瞪眼　　　　　　　　　　　　　　　B. 用力屏气

　　C. 脸红　　　　　　　　　　　　　　　D. 嘴唇缩拢或撅起

（5）婴儿在"我困了"的时候会有（　　）的表现。

　　A. 小脸埋于胸前　　　　　　　　　　　B. 无意识垂下小胳膊、小腿

　　C. 瞪眼、眨眼、抓耳朵、挠小脸　　　　D. A项和B项

（6）以下属于8个月以下婴儿沟通障碍信号的是（　　）。

　　A. 对人的声音或其他声音无反应　　　　B. 婴儿不会追踪成人所指的方向

　　C. 婴儿不会玩拍手游戏或藏猫猫游戏　　D. 婴儿不会给予、展示或指向物品

2. 简答题

　　阅读《上海市0—3岁婴幼儿教养方案》，阐述正确的教养理念是什么。

....

....

....

....

....

....

学习活动 2　与幼儿沟通

◉ 学习目标 ◉

- ☑ 能列举与幼儿沟通的基本方法及常用技巧。
- ☑ 能使用与幼儿有效沟通的方法及策略，对现实或案例中的沟通行为进行评析。
- ☑ 认同有效沟通对婴幼儿健康成长的重要意义，积极学习与幼儿有效沟通的方法及策略。

◉ 学习准备 ◉

- ☑ 学习材料：《幼师口语沟通技巧》（陈怡莺主编，高等教育出版社）、《幼师口语》（宋祖荣等主编，湖南大学出版社）、《幼儿教师口语》（苑望主编，高等教育出版社）、《3—6岁儿童学习与发展指南》。
- ☑ 学习设备：照相机和录音笔等调研设备、互联网资源。

◉ 学习导语 ◉

▲ 教师与幼儿亲切沟通

　　教师与幼儿的沟通是幼儿教育工作的重要内容。一方面，幼儿的年龄特点决定沟通是幼儿教育的重要方式。另一方面，平等与尊重的沟通是幼儿个性健康发展的基础。师幼沟通是否良好，直接影响幼儿学习兴趣的高低及其品质个性发展的好坏，关系到教育及教学工作能否顺利开展，教育目标能否顺利达成。要进行良好的师幼沟通，需要教师认同幼儿教育中师幼沟通的重要意义，掌握与幼儿沟通的有效方式及策略。

探索 1 ｜ 师幼沟通在幼儿教育中的重要价值有哪些?

你如何看待师幼沟通在幼儿教育中的价值和作用，请阐述观点及依据。

学习支持 1

★ 师幼沟通在幼儿教育中的重要价值

1. 幼儿的年龄特点决定沟通是幼儿教育的重要方式

幼儿教育的对象一般为3—6岁的幼儿，这个年龄段的幼儿没有足够的能力表达自己在生理和心理上的需要，这就导致教师无法准确理解他们的真正感受，很多幼儿教师会先入为主地判断幼儿的需要和感受，判断幼儿行为背后隐藏的心理，这样往往会出现偏差，从而影响与幼儿的沟通效果。

沟通不良的情况在幼儿园小班的幼儿中表现得最为突出。这些幼儿在家的一个眼神或一个动作都能让熟悉他们的家人心领神会，可是刚刚进入幼儿园，教师对他们还不熟悉，他们又不能及时表达自己的需求，使得他们与教师的沟通出现困难。这样不良的沟通会导致幼儿出现恐惧、焦虑、逆反等心理，教师需要与幼儿进行良好的沟通才能缓解他们的这些不良情绪，因此，师幼沟通是进行幼儿教育的重要方式。

2. 平等与尊重的沟通是幼儿个性健康发展的基础

平等与尊重的沟通是幼儿个性健康发展的基础，成人之间如此，成人与幼儿之间也是如此。幼儿园教师要明确幼儿是一个独立的个体，有思想，有情感，所以与幼儿的沟通一定要建立在平等和尊重的基础上，如果离开了平等与尊重，那么沟通就无从谈起，也没有了其存在的意义。那怎样才能和幼儿建立这样的平等关系呢？我们应该注重在幼儿教育中为幼儿营造一

▲ 集体学习中教师与幼儿的互动

种轻松、愉快、和谐、尊重的氛围，让大家都能在与人分享的过程中感受快乐，在获得他人尊重的同时，更加尊重他人，在赢得他人理解的过程中更加自信，在爱的氛围中传播爱。

探索 2 与幼儿沟通的基本原则有哪些？

（1）假设在实习的过程中，孩子们对实习老师很好奇，一个小女孩凑过来对着你微笑，你该怎样和她打招呼？

....

....

....

（2）与幼儿沟通时，怎样的体态语能使沟通更容易成功？

....

....

....

（3）在与幼儿沟通的语言选择及语气语调的使用上，有哪些注意事项？

....

....

....

学习支持 2

掌握与幼儿沟通的基本方法，与幼儿真诚对话，赢得他们的信任和喜爱，帮助他们健康成长是教师达成工作目标的保证。

★ 与幼儿有效沟通的基本原则[①]

1. 熟记幼儿姓名

熟记幼儿的名字是与幼儿沟通的第一把钥匙，也是沟通的基础。

微课视频
与幼儿沟通案例1

---

① 陈怡莺主编：《幼师口语沟通技巧》，高等教育出版社 2009 年版。此处有少量改动。

（1）第一次见面或者在不熟悉幼儿姓名的情况下，可以直接称呼其"小朋友"。

（2）正式的场合，特别是需要确认幼儿身份的时候，如打针、吃药、缴费等场合，为避免混淆同名的幼儿，需要称呼全名。

（3）和幼儿熟悉了后，可以直接称呼幼儿的名，不加姓，显得亲切些。

（4）在与家长接触一段时间后，如果家里习惯重叠幼儿名字中的一个字来称呼他，教师也可以跟着家长这样称呼。如称呼张海天小朋友，可以直接喊"天天"，这样会让幼儿倍感亲切。

（5）还可以在幼儿名字后加上"小朋友"，如"海天小朋友"、"天天小朋友"，同样能给幼儿温暖的感觉。

注意：不能给幼儿起绰号，这是对幼儿的尊重和基本理解。幼儿也有自尊心，起绰号是对幼儿自尊心的伤害。

2. 准确把握沟通时机

每个幼儿都希望被教师关注，都希望能和教师多相处，但教师的时间和精力是有限的，如何在有限的时间和精力允许的范围内与幼儿进行有效的沟通呢？这就需要抓住沟通的时机。

（1）幼儿入园和离园是一天集体生活的开始和结束，也是与幼儿沟通的良好时机。入园时，教师要以亲切和蔼的态度接待幼儿和家长，热情主动地向幼儿打招呼，不要因为和家长沟通而冷落了幼儿。离园时，教师要记得和幼儿热情告别，让幼儿带着愉快的心情回家。

（2）表扬和批评幼儿都要及时。幼儿做了好事或者错事需要表扬或批评时，都应该在事情发生的当下进行，这样才能起到作用。

（3）幼儿专心致志于某一件事时，教师最好不要打扰他，等他完成了手中的事情时再与他沟通，效果会比较好。

▲ 热情主动地与幼儿打招呼

▲ 教师与打翻饭菜的幼儿沟通

（4）幼儿正在发脾气、情绪不稳定时，也不是最好的沟通时机。等幼儿的情绪平静下来，再与其讲道理。

3. 恰当使用体态语

在人际交往过程中，体态语起着重要的作用，它能传递很多重要的信息。与幼儿交往时，使用恰当的体态语对沟通能起到良好的促进效果。

（1）蹲下或者坐下，与幼儿视线持平，创设平等宽松的沟通环境。成人如果站着和幼儿说话，幼儿需要仰视成人，这样容易使他产生紧张心理。当成人蹲下或者坐下和幼儿交谈时，幼儿会感觉到受尊重，比较放松，更愿意诉说。

（2）沟通时目光注视着幼儿。成人在与幼儿谈话时，要用亲切柔和或鼓励赞许的目光注视着幼儿，让幼儿感觉到被重视。

（3）沟通时可以抱抱幼儿，让他感受到成人的爱。身体的接触能使幼儿放松警惕，愿意打开心扉和成人沟通。

（4）沟通时保持微笑，让幼儿感受到温暖。

（5）和幼儿沟通时，摸摸头、拍拍肩、拉拉手，都是幼儿喜欢的动作。

▲ 教师蹲下来与幼儿沟通

知识链接

不恰当的体态语

● 用力敲击，发出刺耳声音，以引起幼儿注意。

● 与幼儿交谈时，双手交叉抱在胸前。

● 与幼儿谈话时，用食指指点幼儿。

● 幼儿有不当行为时，用脚踢幼儿的腿或脚。

▲ 用亲切柔和的目光注视幼儿，让她感觉到被重视

▲ 与幼儿沟通时可亲昵地摸摸她的头

4. 正确选择及使用语言

幼儿虽然已经基本掌握母语的表达和使用，但他们的语言理解能力是有限的，很多时候需要具体情境的支持。幼儿词汇量有限、思维具体形象，这些都要求成人在与幼儿进行语言沟通注意语言的选择和使用。

（1）要选择词义简明、具体、易于理解的词语。幼儿能听懂成人的语言，这是沟通的前提。成人在说话时，要选择简单的、常用的、具体的词语，避免使用生僻、抽象的词语，便于幼儿理解。在表扬或批评幼儿时，说话也要具体，如"你要好好表现"，孩子不会明白什么叫好好表现，成人要说清楚哪些事情要怎么做才是表现好。同样，批评幼儿时也要说清楚幼儿哪件事情做错了，应该怎么做才是对的。

（2）与幼儿交流时要使用正面语言。告诉幼儿应当做什么，而不是指出不应当做什么。如幼儿玩过玩具后，随手扔在地上，这时你应该说："玩具玩好后，宝宝应当把玩具放回玩具箱。"而不应当说："宝宝，你不应当把玩具扔在地上。"告诉幼儿正确的做法，比批评幼儿错误的做法效果要好很多。

（3）与幼儿交流时多使用夸张、拟人、比喻的说法。使用浅显易懂、形象拟人的说法，会让幼儿更容易接受你的语言。比如，孩子搬椅子时，将椅子重重地拖在地上，发出刺耳的声音。如果成人用拟人的口吻说："我好像听到小椅子在哭，有位小朋友把它的腿弄痛了，要轻轻地搬哦。"这种说法更易于幼儿接受。

（4）多用描述性的语言，少用评价性的语言。有针对性的描述性语言更利于幼儿认识到自己的对与错，更利于发扬优点，改正缺点。比如，描述性的语言有："宝宝的眼睛真亮啊，发现了别人没发现的东西。"评价性的语言有："宝宝真聪明。"

▲ 教师使用正面语言与幼儿亲切交流

5. 正确使用语气、语调

（1）放低声音更易于幼儿接受。"低声"在与幼儿沟通中很有效。当幼儿尿湿了裤子，低声能让幼儿保持尊严；当幼儿在午休的时候说话，低声能让安静的睡眠氛围继续；当幼儿做错事情的时候，低声也能让你更接近他的内心。不要对幼儿的错误大声呵斥，大声呵斥或许能解一时之气，但对你和幼儿的沟通往往会起反作用。

知识链接 🔍 ⊟ ⊡ ☒

不恰当的语言

● 与幼儿沟通时，使用反语、讽刺性语言。

● 与幼儿沟通时，使用恐吓性的语言。

● 对幼儿使用命令式、警告式的语句。

● 经常使用表达失望的句子。

（2）亲切、柔和的语气能让幼儿更愿意与你沟通。亲切、柔和的语气能给幼儿一种亲近感，让幼儿感受到成人对他的关心和爱护，也更容易使他说出内心的感受，更愿意接受成人的建议。

（3）放慢语速、夸大语调，更利于幼儿理解。与幼儿沟通时的语速要比与成年人沟通时慢些，语速太快会导致幼儿听不懂。夸大语调有利于吸引幼儿的注意力，便于沟通。

案例呈现

"静悄悄"的提醒

小明有个不良习惯，爱吃手指和爱跷脚，不管是在午睡、自由活动、学习活动时都会不自觉地跷着二郎腿，把小手塞进嘴巴里。

有一次在学习活动的时候，小明很陶醉地在吃手，我就大声地说："小明不许吃手，脏死了。"没想到适得其反，小明虽然停止了吃手，但是却皱起了眉头看着我，好像很生气我批评了他。我突然愣住了，事后我反思了一下，或许换一种方式会更好。

于是当第二次发生同样的情况时，我悄悄地走到他身后，轻轻地把他的手拿下来放在腿上，他一脸茫然地看着我，我伸出食指放在嘴边，做了个嘘的动作冲他眨眨眼，皱起眉头摇了摇头，他好像突然就懂了。我又拍拍手，然后拍拍腿，小明一下子便坐得端端正正的，于是我伸出大拇指表扬他。事后我和小明说："我们的小手每天都要做很多的事情，上厕所、玩玩具都要靠它们。你看，你刚刚还趴在地上玩，手上都是灰尘，现在又放到了嘴巴里，细菌小虫子都偷偷溜进去了，如果细菌跑到肚子里，肚子也会疼。我们要做一个爱干净讲卫生的好孩子。上课的时候小手和膝盖做好朋友，小脚和地板做好朋友。你看好不好？来跟着我做一做，小手拍一拍小膝盖，小脚并并拢，坐得像个小士兵一样多神气呀！"

探索 3 与幼儿沟通的常用技巧有哪些？

（1）教师教小朋友们学习叠衣服，丽丽翻来覆去总是叠不好，急得哭了起来。你该怎样安慰她呢？

....

....

....

（2）学习活动时，教师请小朋友们说说自己喜欢的食物。小朋友们一时兴奋，变得吵吵闹闹的，你如何请他们安静下来呢？

（3）浩浩三番五次地在洗手时玩弄洗手液，今天更过分，还把整瓶洗手液倒掉了。你该怎样与浩浩进行沟通呢？

（4）对比以下两段对话，分析哪种沟通方式更有效。

对 话 1	对 话 2
幼:"老师，我的小猫死了。" 师:"别难过，好孩子。" 孩子哭了。 师:"不哭了，让你妈妈再给你买一只。" 幼:"我只要我的小猫。" 师:"再哭就不是好孩子了。"	幼:"老师，我的小猫死了。" 师:"是吗? 真没想到。" 幼:"我每天都和它玩游戏。" 师:"你很喜欢你的猫。" 幼:"它是我的好朋友。" 师:"失去朋友是挺难过的。" 幼:"我还帮它梳毛。" 师:"你真是挺关心你的小猫的。"
哪段对话中的沟通方式更有效? 为什么?	

学习支持 3

★ 与幼儿进行有效沟通的常用技巧

1. 认真倾听与应答

当幼儿和成人说话时，成人应放下手中的事情，看着幼儿的眼睛，这样能让幼儿感受到自己受重视。在倾听幼儿说话时，要不时地给予幼儿应答，如哦、嗯、这样啊。成人认真的倾听能让幼儿更有表述的信心，不时地发出回应能鼓励幼儿继续说下去。

2. 肯定幼儿的心情，说出幼儿的感受

当幼儿心情不好或者害怕紧张时，与其简单地对其进行鼓励，不如先肯定他的内心，然后再鼓励，这样效果更佳。当幼儿因怕打针而紧张甚至哭闹时，我们可以对他说："打针是有一点不舒服，我小时候也害怕打针，但后来我变勇敢了，就不哭了。宝宝也是个勇敢的孩子，不怕打针的，对不对？"

3. 肯定幼儿的努力

当幼儿努力做一件事情但总是做不成功时，他们可能会沮丧地哭泣。这时，成人需要说出幼儿的感受，肯定他们的努力。

4. 学会将"球"抛给幼儿

幼儿经常会问一些成人没有注意到的问题，这时成人不必急着回答，可以将问题抛给幼儿。如幼儿问"太阳公公晚上去哪里了？"成人可以说："这个问题很有趣，你是怎么想的？"鼓励幼儿动脑筋，发挥想象力去寻找答案。最后成人再将正确的答案告诉幼儿，或者和幼儿一起寻找答案。

▲ 肯定幼儿的心情，鼓励幼儿说出感受

5. 装装小糊涂或者故意充当"弱者"

成人在幼儿心目中是无所不知的，是崇拜的对象。当成人偶尔充当弱者，向幼儿寻求帮助时，幼儿会喜出望外，能感受到自己的重要性。

6. 给幼儿一个"台阶"

幼儿也有自尊心，当他做错事时，成人可以选择恰当的时候或者选用合理的方式给他一个"台阶"，这样幼儿会更容易接受。

▲ 向幼儿学习，与幼儿一起探索折纸

7. 重视幽默的力量

幽默的氛围能给人带来快乐，和幼儿打交道也需要使用幽默的手段。比如，小班的明明中午起床后不愿意自己穿衣服，依赖教师帮他穿好。于是，教师故意把裤子穿在他的胳膊上，或者把袜子穿在他的手上。之后，明明用很夸张的表情告诉教师穿错了，教师装糊涂地请他自己修正穿法。从此，明明就能自己穿衣服了。

8. 以退为进的方法

幼儿任性的时候，正面教育往往起不到作用。这时候可以以退为进，先说说幼儿好的一面，稳定好幼儿的情绪，然后再循序渐进地指出幼儿需要改正的地方。

案例呈现

古灵精怪的豪豪

豪豪是一个非常古灵精怪的小男孩，有时喜欢搞些小恶作剧，所以常常会有孩子来告状，"豪豪刚才对着我开枪打痛我了"，"豪豪刚才在厕所里玩洗手液"。刚开始我会对豪豪说："豪豪，不可以打人"，"不可以玩洗手液"……然而一段时间下来，我发现豪豪只是改正一时，过了不久反而更厉害了，我想他可能喜欢用这种方式吸引老师和同伴的注意。

通过一段时间的观察，我发现事先与豪豪沟通，将行为规范的要求提前化，更能让他从心里接受，减少了他觉得"很好玩"的想法。比如：我会在他进入盥洗室之前，对他说："豪豪你是哥哥，是小朋友的榜样，待会儿洗完手要赶紧出来的哦！"他便不会再在盥洗室里调皮了。在某个特定的时间点之前先对豪豪提出相应的要求，强化豪豪的"正能量"，而不是等问题发生了再去批评他，这样的方式更能被孩子所接受。

此外，与豪豪对话要减少重复性的语言，将语言简略、形象化。吃饭时，豪豪有时会把筷子当小棍玩耍，把桌子当成椅子来坐。每当这时，我把要说出口的"不可以"换成"这是……"，效果就明显不同。我会说，"豪豪，这是吃饭用的筷子，这是上课的课桌"，聪明的豪豪马上就明白了，会对着我不好意思地笑笑，更让我欣慰的是，渐渐地，他恶作剧的次数减少了。

● 过关练习 ●

在线练习

I. 单选题

（1）以下属于与幼儿沟通的基本方法的是（　　　）。

    A. 准确把握沟通时机   B. 恰当使用体态语

    C. 正确选择和使用语言   D. 以上都是

（2）以下属于与幼儿沟通的常用技巧的是（　　）。

　　A. 认真倾听与应答　　　　　　　　　　B. 重视幽默的力量

　　C. 肯定幼儿的感受　　　　　　　　　　D. 以上都是

（3）以下表述不正确的是（　　）。

　　A. 与幼儿沟通的前提是尊重幼儿

　　B. 幼儿犯错误时，不用与其沟通，要严加批评

　　C. 与幼儿沟通时要结合幼儿的个性特点

　　D. 理解幼儿，与幼儿产生共鸣是沟通的重要技巧之一

（4）豆豆把幼儿园的洗手液倒在地上玩，这时老师走过来发现地上的一摊洗手液。下列沟通方式中最恰当的是（　　）。

　　A. 豆豆，你怎么那么调皮，你给我站一边去！

　　B. 豆豆，你再调皮，我就不让你妈妈来接你！

　　C. 豆豆，你把洗手液倒在地上，小朋友走过来会摔倒的，下次不要这样做了好吗？

　　D. 豆豆，你这么做小朋友都不会喜欢你的！

（5）与幼儿沟通时不恰当的体态语包括（　　）。

　　A. 与幼儿谈话时，用食指指点幼儿

　　B. 用力敲击发出刺耳声音，引起幼儿注意

　　C. 与幼儿沟通时，随意拉扯幼儿

　　D. 以上都是

2. 案例分析题

　　阳阳今年刚上小班，胖乎乎的脸蛋非常可爱，小小的眼睛经常眯成一条缝，是个人见人爱的小朋友。老师们见了他都喜欢抱抱他、逗逗他，还给他起了些绰号，如"小胖墩"、"小眼睛"等。阳阳回到家，很生气地对妈妈说："妈妈，我不喜欢别人叫我'小胖墩'，我的名字叫'阳阳'！"还有一次，他很努力地把眼睛睁得很大，问妈妈："妈妈，老师都叫我'小眼睛'，你看我现在眼睛小吗？"请问，如果你是阳阳的妈妈，听完孩子的话，你会怎么想？老师们的做法对吗？

....

....

....

学习活动 3 与家长沟通

○ 学习目标 ○

☑ 能说出与家长沟通的常见形式及相应的沟通要求。

☑ 能列举与家长有效沟通的基本策略、技巧。

☑ 能结合具体问题，提出与家长沟通的建议，并进行模拟表演。

☑ 懂得家园有效沟通对幼儿身心发展的重要意义。

○ 学习准备 ○

☑ 学习材料：《幼儿教师与家长沟通之道》（晏红著，中国轻工业出版社）、《幼儿园家长工作指导》（吴丹编著，华东师范大学出版社）、《幼儿园教师家长工作指导》（殷飞主编，江苏教育出版社）、《幼儿园教师成长手册》（上海市中小学课程教材改委会组编，华东师范大学出版社）。

☑ 学习设备：照相机和录音笔等调研设备、互联网资源。

○ 学习导语 ○

我国著名幼儿教育家陈鹤琴先生说："幼稚教育是一件很复杂的事情，不是家庭一方面可以单独胜任的，也不是幼稚园一方面可以单独胜任的，必定要两方面共同合作方能得到充分的功效。"

《幼儿园教育指导纲要（试行）》中也指出："家庭是幼儿园重要的合作伙伴。应本着尊重、平等、合作的原则，争取家长的理解、支持和

▲ 教师与家长沟通

主动参与，并积极支持、帮助家长提高教育能力。"因此，教师应与家长保持良好沟通，争取家长的配合，实现家园共育。

　　由于家长的年龄、性格、文化层次、教养方式、从业背景千差万别，要实现有效的沟通不是一件容易的事情，我们需要学习与家长沟通的常用途径、方法及策略技巧，更需要在工作实践中不断积累和总结经验。

探索 1 为什么家园沟通很重要？

　　案例1：小沈老师是一名刚从学校毕业的新教师，工作不久她就发现，幼儿园的工作跟她想象的有些不一样。原来她认为幼儿园教师主要是带着孩子们学习、游戏，快快乐乐就行了。可是工作后才发现，每天要花相当多的时间和精力在家长工作上，有时候还出力不讨好，这让她很困惑，甚至有些力不从心。而且，幼儿园在学期末还会发放家长问卷，家长工作是学期考核的一项重要内容，这让她倍感压力。小沈老师开始犯难了，家长工作要花费那么多的时间和精力，有必要吗？

　　请谈谈你的看法。

....

....

....

....

....

　　案例2：一天，李园长收到了小一班家长联名写的一封信，内容大致是说该班的一名老师对家长很是冷淡，几乎不和家长沟通，总是一副拒人于千里之外的样子，家长对孩子在幼儿园的情况也不了解。李园长找到了这位老师，谈及此事，该老师很委屈，她自认为工作勤勤恳恳，对待孩子充满爱心，没想到竟然受到家长的批评。

　　谈谈你对该案例的想法。

....

....

....

....

....

学习支持 1

★ 家园沟通的意义

1. 有利于家园教育产生合力

幼儿教育是家庭和幼儿园的共同任务，《幼儿园教育指导纲要（试行）》中指出："幼儿园应与家庭、社区密切合作，与小学相互衔接，综合利用各种教育资源，共同为幼儿的发展创造良好的条件。"而良好的沟通和交流则是幼儿园和家庭合作共育的桥梁。

2. 有助于家长了解孩子在园表现，有针对性地开展工作

家长把孩子送到幼儿园，会有这样或者那样的担忧，即使孩子一切都好，家长还是希望能多了解孩子在幼儿园的情况。针对这种情况，很多幼儿园采用了拍摄照片或者视频并放到网上的方式，以方便家长浏览。但这种方式并不能完全满足家长想与教师直接通过语言沟通，获取更多的有关孩子信息的需要。教师要采用多种方式向家长传递幼儿信息，使家长了解到幼儿园的工作要求和孩子的具体情况，这样家长才能更好地配合幼儿园开展教育工作。

3. 有利于家长走出家教误区，科学地开展家教工作

很多家长养育孩子的经验比较欠缺。教师作为专业的幼儿教育工作者，可以为家长提供更多的教养孩子方面的建议，有利于家长走出家庭教育的误区。

4. 有助于教师了解幼儿的家庭教育环境，提高教育效果

家庭是幼儿的第一所学校，家庭环境对孩子成长的影响毋庸置疑。教师可以通过和家长的闲聊沟通，如孩子的主要抚养人是谁，孩子是否有兄弟姐妹，家长在家陪伴孩子做游戏或者学习的时间有多少等，准确了解到孩子的家庭生活环境，并依此开展教育。

探索 2　与家长沟通的常用途径有哪些？

请小组合作调研幼儿园教师与家长沟通的常用途径，以及这些途径分别适用什么情况。调研结束后完成表格。

调研表

适用情况	沟通形式	作用与效果

（续表）

适用情况	沟通形式	作用与效果

学习支持 2

★ 与家长沟通的常用途径

1. 家访

家访是幼儿教师对在园或即将入园的幼儿家庭进行的，围绕着幼儿成长教育问题的一个或多个话题而展开的，了解话题或问题产生的家庭环境背景因素的，以促进家园相互了解的，有目的、有计划的上门访问。

在幼儿园的家访工作中，按时间、目的、内容等可以划分不同的形式，一般分为常规式家访和焦点问题式家访两种类型。

▲ 教师家访

常规式家访的主要访问对象是即将入园的新生或要插班的新生及其家庭。家访的时间常比较固定，一般是在新学期开学前。主要目的是与新生家长认识，消除彼此心中的陌生感，创造沟通的良好开端。此外，也可以了解新生的基本情况，包括兴趣爱好、生活习惯、特殊护理需求等，便于教师今后有针对性地开展工作。同时，通过家访还能消除幼儿心中对幼儿园、教师等新环境、新面孔的陌生感，帮助幼儿减少入园焦虑。

焦点问题式家访的主要对象是进入幼儿园学习的老生及其家庭。访问的时间不固定，访问的原因主要是教师发现幼儿在一段时间内突然表现出行为异常和问题，并且经过观察和分析认为问题的根源来自家庭时所进行的一种即时性的访问。主要目的是帮助家长了解幼儿的变化，理解并寻找问题产生的原因，指导家长帮助幼儿走出困境，降低伤害。

2. 日常交流

日常交流是指教师利用来园、离园的环节与家长进行的简短的沟通。来园沟通的内容主要是教师、家长相互简单反馈幼儿在园、在家的情况，鼓励与指导幼儿。离园沟通的内容主要是教师向家长反馈幼儿在园一天的情况，鼓励幼儿的点滴进步，指出有待提高的地方。

3. 约谈

约谈是指教师针对"幼儿在园较长一段时间内的全面的发展情况"或"幼儿在园短期时间内某一方面的突出行为或表现"，在幼儿园环境下，教师和家长之间进行的有目的、有计划、有准备的谈话与交流。

幼儿园约谈分为常规式约谈和问题式约谈两种。常规式约谈是指幼儿园在每学期结束时，由班级教师发起的，针对幼儿在园一学期的学习、生活等各方面的情况而进行的与家长的约谈交流。主要是帮助家长对幼儿的发展做出全面、丰富、正确的了解和评估。问题式约谈可以是针对幼儿在幼儿园短时间内某一方面表现出的突出问题的谈话，也可以是针对幼儿园举行的某个活动的理念及内容的解说，还可以是针对幼儿发展教育过程中教师与家长之间因方式不同而产生的误会的交流和沟通。

▲ 教师与家长面谈

4. 家长开放日

幼儿园家长开放日活动指的是幼儿园在特定的时间向家长开放园内的各种教育教学活动。开放日活动可以帮助家长更真实地了解自己的孩子，了解教师的教育风格，同时帮助家长学习正确的育儿观念及方法，直观了解幼儿园课程，从而更好地实现家园沟通。

5. 家长会

家长会是幼儿园开展家长工作、密切家园联系的一种重要形式和途径。召开家长会有助于家长了解幼儿园的教育教学动态，了解自己孩子在幼儿园的发展和表现情况，了解现代教育理念和教育改革动向，以便取得家长对幼儿园工作的支持和配合。

6. 网络沟通

现代通信技术为家园沟通提供了很多互动的媒介，包括幼儿园网站、班级论坛、班级家长微信群、沟通APP等。这些新型的媒介能让家长快速得到信息或与幼儿园及班级进行深入的互动，便于家长和教师、家长和家长之间的信息互通。

探索 3　与家长沟通的方法有哪些?

请结合自己的生活经验, 回答下列问题。

（1）与家长沟通时, 可以怎样称呼家长?

认识的家长	
不认识的家长	

（2）与家长沟通时应注意哪些体态语?

_____

_____

_____

（3）与家长沟通时的地点和时间该如何选择?

时　间	
地　点	

学习支持 3

微课视频
与家长沟通案例1

★ 与家长沟通的基本方法

1. 怎样称呼家长

（1）对经常见面的家长, 可以用幼儿的昵称, 再加上家长与幼儿关系的称呼, 如"佳佳妈妈"。这样能使家长在称呼中体会到教师对自己孩子熟悉的程度。

（2）与家长第一次见面时, 可以先直接称呼其"家长"。

（3）遇到长辈, 也可以使用一般性的礼貌称呼。比如, "这位阿姨, 请问您来接哪个小朋友?"

2. 与家长沟通时的体态语

（1）看着家长说话。

（2）用微笑、点头等表示对家长的尊重，时不时用"对"、"哦"、"是"等短语回应，表示对话题有兴趣。

（3）避免边谈话边做其他事情。

（4）在和家长沟通时，要注意观察家长的情绪。

3. 沟通的时机

（1）家长接送孩子的时候是最常见的沟通时机。

（2）在家长会上面向全体家长。

（3）特殊情况下，请家长来园单独沟通或者电话沟通。

（4）家访时，可以和家长详细沟通，了解到孩子在家的表现，告知家长孩子在幼儿园的一些情况。

4. 沟通的地点

（1）家长接送孩子时，沟通的内容如为一般性话题，可以选择在活动室或者走廊上。

（2）孩子做了不太光彩的事情，教师应避开其他家长，单独和这位家长进行沟通。

（3）个别严重的问题应选择在所有幼儿都离开后，请家长到办公室详谈。

探索 4 与家长沟通的策略和技巧有哪些？

案例1：阳阳小朋友弱视，妈妈每隔一段时间都要带他去医院检查。班级的两位老师与阳阳妈妈就此事都进行过沟通，对比以下两位老师和妈妈的对话，分析哪个更有效？

两位老师和妈妈的对话

对 话 1	对 话 2
师："阳阳妈妈，又来接阳阳看眼睛啦？" 家："嗯。" 师："他好像去医院很多次了嘛，眼镜也戴了很久了，怎么还不见好转呢？这样子下去，长大视力也未必好啊！" 家："是的啊，所以我们一直担心这件事情，w。" 师："担心也没用，谁让他天生就是这样子的。"	师："阳阳妈妈，来接阳阳去看眼睛对吧？" 家："嗯。" 师："别担心，孩子年龄还小，现在及时治疗，一定能治好的。我以前带过的孩子中也有阳阳这种情况的，现在都没事了。" 家："真的吗？要是能看好眼睛，那真是太好了！"
哪段对话中的沟通方式更有效？为什么？	

案例2：一名家长来幼儿园，向教师询问自己孩子在幼儿园的情况。这名教师正在编写教案，于是对家长说："你稍等一会儿，我写完了就跟你谈孩子的事。"这名教师写完教案后，对家长说："你的孩子在幼儿园表现还可以，整体情况还不错。就是有个别的地方需要改进。"请分析该教师与家长沟通的方式方法是否妥当，如不妥当，请提出改进意见。

....

....

....

....

案例3：今天上午李老师带班，婷婷的妈妈来送孩子上幼儿园。李老师正计划着跟婷婷妈妈沟通孩子自理能力差的问题。李老师说："婷婷妈妈，你家婷婷生活自理方面不太强，衣服到现在还不能自己穿，眼看天冷了，这几天是否能在家教一教。"没等李老师话说完，婷婷妈妈就打断道："到这里来的孩子是不是都会自己穿衣服？"李老师说："是的。"她又说："我们是独生子女，在家当然是大人帮她穿。"接下去又讲出很难听的话，李老师听了很生气，也感到很委屈。李老师想：我是为了孩子更聪明、能干，是为孩子好，这个家长怎么这么不懂道理，不识好人心。

请分析该教师与家长沟通的方式方法是否妥当。与家长谈到孩子身上的缺点时，在语言上应遵循哪些原则，应选择什么样的场合？

....

....

....

....

案例4：余老师最近为班级的微信群苦恼着，原因在于班级微信群里一位妈妈总是转发一些有违教育规律的文章，并说孩子在幼儿园里成天只是玩，没有学到什么东西。还有一次，这位妈妈在群里说自己的孩子被老师分配了不喜欢的值日生工作，孩子不开心了，回家告诉家长，她就在群里质问老师："为什么不让孩子自己挑选呢？"

如果你是这位老师，你该怎么办？请思考使用微信群时应注意哪些问题。

....

....

....

....

学习支持 4

★ 与家长有效沟通的常用策略及技巧

1. 始终围绕幼儿进行沟通，说有针对性的话题

对家长来说，幼儿在幼儿园一天中的细节小事才是最重要的，他们希望了解幼儿的具体表现。教师要避免说出"孩子表现还可以"、"都还好"等话语，这样会让家长感觉到教师在敷衍他。在一日活动中，教师要特别注意观察幼儿的一举一动，对每个幼儿的一日生活情况都了如指掌，以便和家长交流时能言之有物。教师对幼儿的特别"用心"会赢得家长的特别"放心"。

2. 及时反映表现，先表扬鼓励，后说明情况

教师应该将幼儿在园里的日常表现、特殊情况、不良表现都及时地向家长反映，并且在反映负面情况的时候，应该先表扬幼儿好的方面，再说明不好的地方和需要改进的地方。教师要注意仔细观察幼儿的细节，记录幼儿的点滴进步，再把这些快乐的成长信息传递给家长，这样家长能在感动中不知不觉地产生支持、配合教师的"原动力"。

3. 多用第一人称，拉近沟通的距离

避免使用"你"、"他"这些有距离感的人称代词，多使用"我"、"我们"、"咱们"等显得亲切的代词来谈论幼儿。

4. 多倾听，多征询，诚恳对待家长

与家长交谈时，要表示出诚恳的态度，多听听家长的想法，如使用"您看呢"、"您觉得怎样"等协商性的词语来拉近与家长的距离，使家长感受到自己受重视、被尊重，从而更乐意接受教师的建议。

5. 沟通的方式要因人而异

各位家长可能性格迥异，具有不同的文化背景，职业也不尽相同，教育观、文化素养都不同。因此，与不同的家长进行沟通时，要讲究谈话的艺术，因人而异，采用不同的沟通方式，以达到最佳的沟通效果。

6. 建立班级公共空间要掌握主动权

建立班级公共空间（微信群、QQ群等）的人最好是班级教师，也可以是值得信赖的家委会委员。建立之前应考虑清楚并告知家长相应的规则，如：每个家庭有一位家长加入；公共空间的主要任务是发放通知、信息交流，严禁发表不实言论，或进行产品宣传、投票等。另外，要注意公私分明，即：大家的事情在公众平台发布，个人的事情与教师私信交流。

知识链接

有效沟通小贴士

（1）与家长沟通时，要持平等、尊重的态度，以自信和诚恳的语气与家长交谈。

（2）切忌"告状"式的谈话方法，这样会让家长误认为教师不喜欢自己的孩子，从而觉得自己的孩子在班级受到不公正待遇，产生抵制情绪。要让家长感到教师在关注自己孩子的成长和进步，感到教师比他们更深入地了解孩子。同时抓住时机向家长了解孩子的情况，以请教的态度耐心地听取家长的意见，使家长产生信任感，这样他们就会乐意与教师进行充分的交流。

（3）适时、经常性地与家长进行情感沟通有助于教师和家长建立良好关系。教师可以尝试定期分别向1—2位家长发几条微信，与他们交流一下幼儿的情况。即使是那些有防御心的家长，也会因你持续的主动沟通，因你关注孩子的成长而逐渐对你产生信赖。特别是对于不经常见面的幼儿家长，更不能忽视与他们的沟通。

（4）家长在参加开放活动时，非常关注自己的孩子是否得到了表现的机会或教师的鼓励和赞赏，所以在提问或者邀请表演时应尽可能多覆盖一些孩子，在公平对待上赢得家长的信任。同时，也要在日常生活中与家长沟通集体活动的情况，取得家长对教师在某次活动中未给孩子表现机会的体谅。

（5）当幼儿在园发生意外事件时，及时进行家访也是十分必要的，这有利于家园及时沟通，共同解决突发事件；同时，也能让家长感到来自教师的专业帮助。这是家长对教师建立信任感的重要时刻。

案例呈现

让外婆自愿"接纳"

1.案例背景

彤彤是个插班生，初次见到她的时候，我就被她圆嘟嘟的脸蛋和小肚子深深"吸引"，在经过一段时间的观察后，发现她有些挑食，不喜欢吃蔬菜，喜欢吃肉，进餐速度也很快。在很多次放学时，我还看见彤彤的外婆手拿着小蛋糕、面包等点心在给彤彤吃，以至于我对彤彤的体重有所担心。最近一次体检结果出来，我发现彤彤的名字已经被列在了肥胖儿的名单里。保健老师明确告知彤彤需要控制体重。

2.案例实录

傍晚离园时，彤彤的外婆又是拿着小面包来接彤彤了，于是我便把彤彤的体检情况告知了外婆，外婆刚开始听到这个消息时还不以为然，当听到我说要适当干预之后却有些犹豫了：

"才4岁就要减肥啊？吃得多才长筋骨呀！"我理解老一辈宠爱孙辈且担忧的心情，便说道："彤彤外婆，您放心，不是给彤彤减少饭量，是我们要想办法让彤彤吃得更健康，通过多运动来控制体重，让她又结实又强壮。"外婆听到我这样说似乎有点心定了，我也点到为止。

3. 解决策略

我觉得外婆可能对我园的健康理念并不是很了解，马上去指出她的一些错误的育儿方式也有些不妥，考虑到要不影响外婆情绪，我决定还是找彤彤的父母聊一聊。

第二天彤彤的妈妈照常来送彤彤上学，关于彤彤的体检结果妈妈也已经略知一二。妈妈也觉得外婆平时"塞"得太多，在课外上舞蹈班时，彤彤有很多动作都做不到位，其实和胖有很大的关系。妈妈对此很头痛，但平时下班晚，彤彤的饮食就都只能交给外婆来照料，多提意见怕外婆有想法，也就没有干预。不过妈妈表态，为了孩子她愿意去做外婆的工作。看来要有效地干预彤彤的体重，首先还是要取得外婆的信任。

对于外婆这种溺爱型的家长，我想"自纠式"的沟通策略会更有效，于是，我录了两段彤彤在幼儿园午餐和运动时的视频，让妈妈给外婆看。当外婆看到彤彤的饭量、进餐速度、饮食习惯及在运动课时因为肥胖而无法坚持运动的片段时，发现了自己孩子存在的问题。外婆开始有些着急，并主动要求和我聊一会儿。为了让外婆放心，我把干预的方法一一地告诉了外婆。第一，肥胖儿进餐的顺序，即在保证营养摄入的同时，如果彤彤还说没吃饱，应该给她增加什么食物才能既保证她的饱腹感，又能减少身体的负担。第二，在运动上，我们为肥胖的孩子制定了一套运动方案，由体育老师带领孩子们运动，通过系统的运动来增强体质，消耗多余脂肪。我们只需要外婆把饮食好习惯延续到家庭养育中，通过家园一起努力就会有效果。外婆听了这一套方案后连连点头，也表示一定会全力配合。在此期间，我也会把彤彤的饮食习惯、运动状态同其家长沟通，及时反馈，了解彤彤在家的进餐、运动情况，并对其进行鼓励表扬。

通过半个学期的努力，彤彤的体重不但从肥胖儿降到了正常体重儿，她的身高也比上半年增高了不少，放学时再也看不到外婆带着高热量的点心，取而代之的是酸奶、水果。进餐时，彤彤也不再狼吞虎咽。有时候外婆还会满意地拿着彤彤跳舞的视频给老师们看："真是谢谢老师，你看我们彤彤现在跳舞可漂亮了！"

4. 分析反思

（1）在与祖辈交流的过程中，我们经常能感受到他们喜欢听老师夸自己的孩子，一旦听到不好的消息就很紧张，甚至于不满。对于这样的情况，我们首先需要体现出对孩子的关爱，要用"先扬后抑"的方法与老一辈沟通，让他们消除顾虑。

（2）与此同时，我们要从专业的角度和年轻、受过更高教育的父母探讨正确的育儿观念。在得到父母认可后，我们可以采取一些措施，比如案例中的"自纠式"的方法，让孩子的家庭成员意识到问题。

（3）对症下药，给予建议，并且持续关注孩子的情况，及时向家长反馈。

在线练习

○ 过关练习 ○

1. 单选题

（1）与幼儿家长沟通的常见途径有（　　　）。

　　A. 家访、家长开放日　　B. 约谈、家长会　　　C. 日常交流、网络　D. 以上都是

（2）以下称呼家长的方法，不合适的是（　　　）。

　　A. 周经理　　　　　　　B. 佳佳外婆　　　　　C. 明明妈妈　　　　D. 红红爷爷

（3）与家长沟通的方式应该（　　　）。

　　A. 采取相同的方式　　　B. 根据家庭条件　　　C. 根据家长职业　　D. 因人而异

（4）教师建立班级微信群，要掌握对公共空间的主动性，以下做法正确的是（　　　）。

　　A. 拟定群公约　　　　　　　　　　　　　B. 严禁进行产品宣传

　　C. 不在群里点名批评幼儿　　　　　　　　D. 以上都是

（5）与家长沟通时，不应该做的是（　　　）。

　　A. 围绕孩子谈论　　　　　　　　　　　　B. 打听幼儿家长隐私

　　C. 尊重家长　　　　　　　　　　　　　　D. 保持倾听

（6）与家长沟通时要注意（　　　）。

　　A. 始终围绕孩子进行沟通，说有针对性的话题

　　B. 及时反映幼儿在园表现，先表扬和说明情况

　　C. 多用第一人称，拉近沟通的距离

　　D. 以上都是

2. 简答题

　　家访是家园沟通的重要方式之一，请你结合所学内容，设计新生家访调查表，并阐述设计依据。

新生家访调查表

3. 情境模拟练习

情景1：航航吃饭前，哭着要奶奶喂，后来是老师喂了几口后才不闹的。请你扮演老师，模拟表演如何在放学时和航航的家长进行沟通。

情景2："六一"节活动，幼儿园邀请家长前来参加。你是大三班老师，负责在门口接待，请家长签到。这时你们班的李琪佳妈妈、张凯爸爸来了，还有一个家长以前没见过。请你模拟表演如何与这些家长打招呼，并请他们签名后就座。

情景3：户外运动时，天天和佳佳因为运动器械发生了争执，天天咬了佳佳的手臂，只见佳佳的手臂上留下了两排牙齿印。你是这个班级的带班老师，请你模拟表演如何与天天和佳佳的家长就此事进行沟通。

情景4：你是小一班的老师，最近扬扬的表现比刚开学时进步大，能自己吃饭，午睡时也能很快入睡了，请你模拟表演如何在放学时和扬扬妈妈进行沟通。

学习
任务 **6**

保教人才
生涯发展

任务导入

　　作为学前教育专业的学生、未来的保教工作者，我们应该明确学前教育行业发展的现状和趋势，清楚托幼机构人才的需求及要求，知晓学前教育专业升学及就业渠道，并能够依据保教人才职业发展规律和自身特点进行生涯规划。

任务目标

- 概括学前教育行业发展的现状与趋势。
- 说明托幼机构人才的需求状况。
- 陈述学前教育专业学生升学及就业形势、生涯发展路径。
- 能依据保教人才职业发展规律和自身特点制定职业生涯发展规划。

 建议学时

5学时。

学习活动流程

- 学习活动1：学前教育行业发展的现状、趋势及人才需求状况（2学时）。
- 学习活动2：保教人才生涯发展规划（3学时）。

▲ 做好职业生涯规划，成就更好的自己

学习活动 1 学前教育行业发展的现状、趋势及人才需求状况

○ **学习目标** ○

- ☑ 概括学前教育行业发展的现状与趋势。
- ☑ 说明托幼机构人才的需求状况。

○ **学习准备** ○

- ☑ 学习材料：《国家中长期教育改革和发展规划纲要（2010—2020年）》《上海市基础教育改革和发展"十三五"规划》《上海市学前教育三年行动计划（2019—2021年）》《上海市3岁以下幼儿托育机构从业人员与幼儿园师资队伍建设三年行动计划（2018—2020年）》等。
- ☑ 学习设备：照相机和录音笔等调研设备、互联网资源。

○ **学习导语** ○

　　阅读《国家中长期教育改革和发展规划纲要（2010—2020年）》以及政府发布的教育行动规划等文件，有助于我们从宏观上把握学前教育发展的现状与趋势，为自己的生涯发展确定宏观目标。调研托幼机构的人才需求情况，一方面有助于我们了解行业对人才职业能力的要求，为生涯发展确定阶段性目标。另一方面，也能够帮助我们提升自身的调研能力。因此，梳理并总结学前教育的发展现状及趋势、撰写托幼机构人才需求情况报告是本次学习活动的两个任务。

探索 1 | 学前教育行业发展的现状及趋势是怎样的?

小组合作阅读《国家中长期教育改革和发展规划纲要(2010—2020)》以及政府发布的教育行动规划等相关文件,归纳当地学前教育的发展现状及趋势,以小组为单位进行班级交流。

学习支持 1

⭐ 调研内容

我们可以从托幼机构入园人数情况、教职工人数的动态变化情况、师资配比情况、学前教育专业招生情况等角度对学前教育行业发展现状与趋势做调研,从而对自身将来要从事的行业有一定的了解和认知。

(1)托幼机构入园人数情况。可以了解当地适龄儿童学前3年毛入园率,比如,国家统计局上海调查总队2018年对上海学前教育发展的调查显示,"十二五"时期,全市符合条件的适龄儿童学前3年毛入园率达99%以上。

（2）托幼机构教职工人数的动态变化情况。可以了解近几年的教职工人数增减幅度,同时还可阅读当地关于学前教育的"行动计划",了解其计划的规模情况。比如,上海市幼儿园教职工人数从2010年的4.1万人增加到2017年的6.7万人,高于在园幼儿数43%的增幅。《上海市3岁以下幼儿托育机构从业人员与幼儿园师资队伍建设三年行动计划（2018—2020年）》提到,到2020年,幼儿园教职工人数增加10%,达7.3万人左右,数量上基本满足市场需求。

（3）托幼机构的师资配比情况。比如,从托育机构从业人员来看,根据《上海市3岁以下幼儿托育机构管理暂行办法》（沪府办规〔2018〕12号）、《上海市3岁以下幼儿托育机构设置标准（试行）》（沪教委基〔2018〕27号）,要配齐配足托育机构各类从业人员,满足托育机构的保育、卫生保健、安全保卫等需求。2—3岁幼儿与保育人员（育婴员和保育员）的比例不得高于7∶1,18—24个月幼儿与保育人员（育婴员和保育员）的比例不得高于5∶1,18

▲ 幼儿园教职工人数增长幅度较大,需要高素质的人才

个月以下幼儿与保育人员（育婴员和保育员）比例不得高于3∶1。收托50人以下的托育机构（点）,应当至少配备1名兼职卫生保健人员；收托50—100人的,应当至少配备1名专职卫生保健人员；收托101—140人的,应当至少配备1名专职和1名兼职卫生保健人员。从幼儿园从业人员来看,采用单位聘用和政府购买服务相结合的方式,按照教育部《幼儿园教职工配备标准（暂行）》配齐配足幼儿园教职员工,并优化完善公办幼儿园教职工编制配置标准。

（4）学前教育专业招生情况。比如,《上海市学前教育三年行动计划（2019—2021年）》提到,将扩大高校和职业院校已有学前教育专业点、高等学历继续教育学前教育专业点的招生规模；学前教育专业招生人数每年达到3 000人以上,幼儿园教职工人数增加10%,达7.3万人左右。着力提升教师素质,幼儿园专任教师本科及以上学历占比提升至80%；每所公办幼儿园力争有1名高级教师,中级和高级教师比例达28%；每10所幼儿园中有1所幼儿教师专业发展园；培养一定数量的卓越教师、名师、名园长。

注：学前教育行业发展现状与趋势包含的内容非常广泛,以上进行分析的角度只是其中的一部分,也可以从其他角度分析。

★ 相关政策文件

可以通过阅读国家及自己当地学前教育发展的相关文件,进而归纳当地学前教育发展的现状及趋势。相关的政策文件有：《国家中长期教育改革和发展规划纲要（2010—2020年）》《幼儿园工作规程》《幼儿园管理条例》《幼儿园教职工配备标准（暂行）》《上海市3岁以下幼儿托育机构管理暂行办法》《上海市3岁以下幼儿托育机构从业人员与幼儿园师资队伍建设三年行动计划（2018—2020年）》《上海市3岁以下幼儿托育机构设置标准》《上海市教育改革和发展"十三五"规划》《上海市学前教育三年行动计划（2019—2021年）》等。

探索 2　托幼机构人才需求状况调研

　　小组合作调研托幼机构人才需求状况，主要包括托幼机构对从业者的学历、职业资格等级、职业素养与相关证书的要求。小组合作简要撰写调研报告。

....

....

....

....

....

....

....

....

....

学习支持 2

★ 托幼机构保教人员的职业素养

　　托幼机构人才需求状况调研的内容主要有从业者的学历、职业资格等级、相关证书以及职业素养等，前三者的要求相对明确，而职业素养属于"软指标"。对于托幼机构的保教人员来说，具备良好的职业素养是做好保教工作的前提，也是促进自身职业生涯发展的基础。《幼儿园工作规程》对托幼机构保教人员的职业道德、工作职责提出了要求，《幼儿园教师专业标准》中将专业理念与师德、专业知识和专业能力三方面作为幼儿园教师必备的基本素质与条件。本书结合托幼机构的实际情况，将保教人员的职业素养分为专业理念与师德、专业知识、专业能力和专业精神。

1. 专业理念与师德

专业理念是保教人员在对教育工作本质理解的基础上形成的关于教育的观念和理性信念。专业理念为保教人员的专业行为提供理性支点，直接影响着保教人员的保教行为、师幼交往以及自身的专业发展。这里的师德泛指保教人员的职业道德，是指保教人员在从事教育或照护活动过程中形成的，用以调节自己与他人、自己与社会、自己与集体等相互关系时所必须遵守的基本道德规范和行为准则，以及在此基础上所表现出来的道德观念、情操和品质。托幼机构保教人员的专业理念与师德具体可分为以下三个方面。

▲ 保教人员要用自己的爱心、耐心、细心、责任心对待每一个孩子

（1）认同职业。作为未来的保教工作者，要有强烈的职业认同感，认同保教工作的专业性和独特性，深刻认识到自己在婴幼儿发展过程中的价值和作用；热爱学前教育事业，具有职业理想和敬业精神，践行社会主义核心价值体系，履行教师职业道德规范；乐观向上、热情开朗，有亲和力；善于自我调节情绪，保持平和心态；为人师表，自尊自律，勤于学习，不断进取，做婴幼儿健康成长的启蒙者和引路人。

（2）关爱孩子。关心、爱护全体婴幼儿，重视婴幼儿的身心健康，将保护婴幼儿的生命安全放在首位；尊重婴幼儿的人格，维护婴幼儿的合法权益，平等对待每一个婴幼儿；不讽刺、挖苦、歧视婴幼儿，不体罚或变相体罚婴幼儿。尊重个体差异，主动了解和满足有益于婴幼儿身心发展的不同需求；用"四心"（爱心、耐心、细心、责任心）对待婴幼儿，遵循他们的身心发展规律，促进其全面健康地成长。

（3）保教有法。注重保教结合，培育婴幼儿良好的意志品质，帮助婴幼儿形成良好的行为习惯；注重保护婴幼儿的好奇心，培养他们的想象力，发掘他们的兴趣爱好；重视环境和游戏对婴幼儿发展的独特作用，创设富有教育意义的环境氛围，将游戏作为婴幼儿的主要活动；重视丰富婴幼儿多方面的直接经验，将探索、交往等实践活动作为他们最重要的学习方式；重视自身日常态度及言行对婴幼儿发展的重要影响与作用；重视托幼机构、家庭和社区的合作，综合利用各种资源。

▲ 教师在建构游戏中引导幼儿发挥想象力

案例呈现

吉老师和她的孩子们[①]

有一天，吉老师把一把新的卷笔刀放在办公桌上，去了一趟走廊，回来后卷笔刀就不见了。吉老师把这事告诉孩子时，认真地观察每一个孩子的神情。她从三十几双眼睛中发现了一双惊惶不安的眼睛。然后吉老师用亲切的口吻说："现在，我想请每个小朋友对老师讲一句'悄悄话'，老师不会把这悄悄话告诉给别人。"接着，小朋友就按座位一个个轮流到老师跟前说悄悄话。当那对"惊惶的眼睛"移动到老师身边时，泪水流出来了。文文把一只小手伸进老师的口袋，在她的耳边轻轻地说："老师，卷笔刀还给你。"吉老师笑着替他擦干眼泪，说："你的悄悄话最好听。"

又有一天，全班小朋友在操场上活动，大家爬上爬下、跑前跑后，玩得很尽兴。就在这时，吉老师发现牛牛从滑梯后面向墙根挪过来，神色有点奇怪，手还捂着裤裆。"牛牛尿裤子了！"有几个小朋友大声叫起来，牛牛的小脸一下子涨红了，眼看就要哭出来了。吉老师走过来，神色自然但大声地说："我看看，是不是汗湿了？哦，牛牛玩滑梯玩得太多了，汗都湿透了。"过来看热闹的小朋友走开了，吉老师轻轻地对牛牛说："我们去教室换一条干净的裤子吧。"牛牛使劲地点了点头，脸上的神色好多了。

吉老师特别懂得保护幼儿的自尊心，她用爱和尊重为幼儿创造了一个心理安全支点，给孩子系上了心理安全带。热爱学前教育事业、关爱幼儿、尊重幼儿，是保教人员必须具备的师德素养，它是保教人员最基本、最重要的职业准则和规范。

2. 专业知识

作为未来的保教工作者，为了更好地促进婴幼儿身心的健康发展，主要应该具备以下三个方面的知识。

（1）婴幼儿身心发展特点知识。了解关于婴幼儿生存、发展和保护的有关法律法规及政策规定；掌握不同年龄婴幼儿身心发展的特点、规律和促进婴幼儿全面发展的策略、方法；了解婴幼儿在发展水平、速度与优势领域等方面的个体差异，掌握对应的策略与方法；了解婴幼儿发展中容易出现的问题与适宜的对策；了解有特殊需要婴幼儿的身心发展特点及教育策略与方法。

（2）婴幼儿保育和教育知识。熟悉幼儿园教育的目标、任务、内容、要求和基本原则。掌握幼儿园各领域教育的学科特点与基本知识；掌握幼儿园环境创设、一日生活安排、游戏与教育活动、保育和班级管理等方面的知识与方法；熟知幼儿园的安全应急预案，掌握意外事故和危险情况下婴幼儿安全防护与救助的基本方法；掌握观察、谈话、记

---

① 钱焕琦、朱运致主编：《幼儿教师职业道德实践》，华东师范大学出版社2013年版。

录等了解婴幼儿的基本方法和教育心理学的基本原理和方法；了解0—3岁婴幼儿保教和幼小衔接的有关知识与基本方法。

（3）通识性知识。具有一定的自然科学和人文社会科学知识；了解中国教育的基本情况；具有相应的艺术欣赏与表现知识；具有一定的现代信息技术知识。

3. 专业能力

作为未来的保教工作者，应该具备以下专业能力。

（1）一日生活的组织和保育。合理安排和组织一日生活的各个环节，将教育灵活地渗透到一日生活中；科学照料婴幼儿的日常生活，保教结合做好班级常规保育和卫生工作；充分利用各种教育契机，对婴幼儿进行随机教育；有效保护婴幼儿，及时处理婴幼儿的常见事故，危险情况下优先救护婴幼儿。

（2）教育活动的计划与实施。制定阶段性的教育活动计划和具体活动方案；在教育活动中观察幼儿，根据幼儿的表现和需要，调整活动，给予适宜的指导；在教育活动的设计和实施中体现趣味性、综合性和生活化，灵活运用各种组织形式和适宜的教育方式；提供更多的操作探索、交流合作、表达表现的机会，支持和促进婴幼儿主动学习。

（3）环境的创设与利用。建立良好的师幼关系，帮助婴幼儿建立良好的同伴关系，让婴幼儿感到温暖和愉悦；建立班级秩序与规则，营造良好的班级氛围，让婴幼儿感受到安全、舒适；创设有助于促进婴幼儿成长、学习、游戏的教育环境；合理利用资源，为婴幼儿提供和制作适合的玩教具和学习材料，引发和支持婴幼儿的主动活动。

（4）游戏活动的支持与引导。提供符合婴幼儿兴趣需要、年龄特点和发展目标的游戏条件；充分利用与合理设计游戏活动空间，提供丰富、适宜的游戏材料，支持、引发和促进婴幼儿游戏；鼓励婴幼儿自主选择游戏内容、伙伴和材料，支持婴幼儿主动地、创造性地开展游戏，让婴幼儿充分体验游戏的快乐和满足；引导婴幼儿在游戏活动中获得身体、认知、语言和社会性等多方面的发展。

（5）沟通与合作。使用符合婴幼儿年龄特点的语言进行保教工作；善于倾听，和蔼可亲，与婴幼儿进行有效沟通；与同事合作交流，分享经验和资源，共同发展；与家长进行有效沟通合作，共同促进婴幼儿发展；协助托幼机构与社区建立合作互助的良好关系。

▲ 教师正在组织幼儿游戏

（6）反思与改进。主动收集和分析相关信息，不断进行反思，改进保教工作；针对保教工作中的现实需要与问题，进行探索和研究；制定专业发展规划，不断提高自身专业素质。

4. 专业精神

专业精神是基于对所从事职业的价值、意义的深刻理解所形成的奋斗不息、追求不止的精神。

（1）专业理想。具有专业理想的保教人员，会对保教工作产生强烈的认同感和投入感，也会对工作抱有强烈的使命感，努力提高专业能力及专业服务水准，努力维护专业的荣誉、团结、形象等。

（2）专业性向。它是保教人员从事保教工作所应具有的人格特征，或适合保教工作的个性倾向。它包括心灵的敏感性、爱的品质、交流沟通的意愿、对保教工作的兴趣等人格特征；也包括语言表达能力、交流沟通能力、逻辑思维能力等基本能力在内的职业品质。优秀保教人员的专业特征包括：有责任心、善思考、会保教、能奉献、懂关怀；在人际交往中能坦率、幽默、诙谐。

（3）专业自我。它是保教人员个体对自我从事保教工作的感受、接纳和肯定的心理倾向。高"自我"的保教人员，倾向于以积极的方式看待自己，对他人有深切的认同感，具有自我满足感、自我信赖感、自我价值感。

案例呈现

有温度的劳动

我是一名幼儿保育专业毕业生，毕业后就职于幼儿园保育员岗位。我在这个岗位上工作已经5年了，每天都要很早到幼儿园，一天中每个时间段都有相应的保育工作，尤其是有很多清洁、消毒的工作，确实特别忙碌。但是，只要想到自己的劳动与孩子的健康及习惯和能力的培养息息相关，我就感觉自己充满了力量，会以更加认真的态度及高度的责任心做好工作。当看到孩子们在我的照护下健康成长，我更加深刻地意识到这份"有温度的劳动"的意义和价值。5年来，我一直都沉浸在这个职业带给我的成就感和自豪感中。我会继续踏实做好自己的工作，做好幼儿健康的守护者。

知识链接

培养托幼机构保教人员的劳动精神

习近平总书记指出，要培养德智体美劳全面发展的社会主义建设者和接班人，培养立志为中国特色社会主义奋斗终身的有用人才，培养担当民族复兴大任的时代新人。"有用人才""时代新人"的一个重要特征，就是具备劳动素质，能够弘扬劳动精神、崇尚劳动，能够辛勤劳动、诚实劳动、创造性劳动。总书记强调，劳模精神、劳动精神、工匠精神是以爱国主义为核心的民族精神和以改革创新为核心的时代精神的生动体现，是鼓舞全党全国各族人民风雨无阻、勇敢前进的强大精神动力。作为未来的托幼机构保教工作者，要深知自己对于幼儿身心健康发展的重要责任，热爱并踏实做好自己的工作，充分发扬工匠精神。

在线练习

○ **过关练习** ○

1. 单选题

（1）以下说法正确的是(　　　)。

　　A. 把握学前教育发展的现状与趋势，有助于确定生涯发展的宏观目标

　　B. 查阅学前教育的相关文献，有助于了解学前教育发展的现状与趋势

　　C. 了解学前教育行业的人才需求状况，有助于确定生涯发展的阶段性目标

　　D. 以上都是

（2）以下不属于职业素养内容的是(　　　)。

　　A. 专业精神　　　　　　　　　　　　B. 专业理念及师德

　　C. 专业知识与专业能力　　　　　　　D. 兴趣爱好

（3）以下不属于托幼机构保教人员应该具备的专业知识的是(　　　)。

　　A. 婴幼儿身心发展特点知识　　　　　B. 婴幼儿保育和教育知识

　　C. 文学知识　　　　　　　　　　　　D. 通识性知识

（4）以下属于托幼机构保教人员应该具备的专业能力的是(　　　)。

　　A. 一日生活的组织和保育、环境的创设与利用

　　B. 教育活动的计划与实施、游戏活动的支持与引导

　　C. 沟通与合作、反思与改进

　　D. 以上都是

2. 简答题

　　请根据小组对托幼机构人才需求状况的调研结果，结合个人情况，谈谈自己的体会（如自己的优势和不足）。

....

....

....

保教人才生涯发展规划

---○ 学习目标 ○---

☑ 陈述学前教育专业学生的升学及就业形势、生涯发展路径。

☑ 能依据保教人才职业发展规律和自身特点制定职业生涯规划。

---○ 学习准备 ○---

☑ 学习资料：《中职学生就业指导》（王胜利等主编，陕西人民教育出版社）、《个人职业生涯规划》（卜欣欣等编著，中国时代经济出版社）、《我的生涯手册》（吴芝仪著，经济日报出版社）、《生涯咨询与辅导》（金树人著，高等教育出版社）。

☑ 学习设备：照相机和录音笔等调研设备、互联网资源。

---○ 学习导语 ○---

职业生涯在人的一生中占据着极为重要的地位，职业生涯的成功与否直接影响到一个人的人生价值能否得到充分的体现，间接决定了生命内容是精彩抑或平淡。因此，做好职业生涯规划，对每个人来说都是十分重要的，它关乎个人的前途与命运。

职业生涯规划的目的，不只是帮助一个人按照自己的资质条件去找到一份工作，更是帮助一个人真正了解自己，为自己定下事业大计，筹划未来，进一步详尽估量主客观条件、内外环境优势和限制，在"衡外情、量己力"的情形下，设计出符合自己特点的、合理而又可行的职业生涯发展路径。

探索 1 学前教育专业学生的发展路径有哪些？

（1）你为什么选择学前教育专业？

（2）学前教育专业毕业生的就业去向有哪些？

（3）学前教育专业学生职业生涯发展途径有哪些？

你究竟"要"什么？

你"是"什么样的人？

你拥有什么"资产"？

你"期望"成为什么样的人？

为了成为你期望的自己，你需要"充实"些什么？或"付出"些什么？

你要如何做才能成就自己？如何才能不白费了这一程人生的历练？

如何才能在回顾时，对自己的生涯历程感到满意？

——吴芝仪《我的生涯手册》

学习支持 1

★ 保教人员专业发展的主要阶段及影响因素

从接受职前培养到入职成为一名新手保教工作者，再到成为合格的保教工作者、教育行家，直至退休离开这个工作岗位，要经历一系列的发展阶段。虽然每个人的专业发展轨迹不尽相同，但这中间也有一些基本稳定的轨迹可循。了解专业发展的一般周期、发展阶段及影响因素，可以让我们站在职业生涯的始端，对整个职业生涯中自己的专业发展过程有所把握和规划。

1. 保教人员专业发展阶段

（1）准备阶段。准备阶段是指职前教育阶段，在职业院校学前教育专业学习就属于这一阶段。该阶段的教育是为了特定的角色——托幼机构保教人才作准备的。通过该阶段的学习和积累，我们可以获得就业所必需的基本知识和技能，为成为一个合格的保教人员奠定基础。

（2）适应阶段。刚毕业走向保教岗位的人员即处于适应阶段。由于进入了一个全新的环境，面对的是完全陌生的婴幼儿和同事，因此，处于该阶段的人员要熟悉托幼机构教师、保育员、保健员、育婴员等工作岗位的常规性工作，完成从学生到保教人员的角色转变。

（3）胜任阶段。通常经过三到四年左右的实践磨练，在积累了更多的工作经验并尝到成功的喜悦后，一部分新手保教人员可以成为胜任者，但并不是所有的人都能达到这个水平。

（4）熟练阶段。通常在工作五年后，有一定数量的保教人员会进入工作水平相对熟练的发展阶段。在该阶段，保教人员的直觉起着越来越突出的作用，对工作情境能有直觉感受，并通过分析工作情境积累比较丰富的经验，能够在更高的水平上发现工作情境的相似性，并加以有效的分析和判断。他们能对新工作情境进行提前预测，而且随着时间的推移，预测的明晰性和准确性不断提高。

（5）专家阶段。专家阶段是保教人员专业发展的最高级阶段，进入该阶段的保教人员能凭直觉把握工作，他们驾驭工作的能力极强。要想成为专家型保教人员，时间和经验都很重要。

2. 专业发展的影响因素

影响保教人员专业发展的因素可归为三类：第一类属个人特质，如个人生活背景、已有的教育观念、专业发展态度和动机等；第二类属社会环境特质，如学校的文化导向、学校内部的支持力度等；第三类属促进保教人员专业发展的措施特质，指各种旨在促进保教人员专业发展的活动。[1]

---

[1] 王建军著：《课程变革与教师专业发展》，四川教育出版社2004年版。此处有少量改动。

★ 学前教育专业学生就业及升学路径

1. 中职学前教育专业学生就业及升学路径

中职学前教育专业学生就业及升学路径

就业岗位	从业资格证书	升学路径（以上海为例）
托幼园所生活老师 托幼园所保健助理 托幼园所助教 儿童乐园辅导员 早教机构育婴员	• 保育员相关职业证书 • 育婴员相关职业证书	• 通过学业水平测试、专业测试、综合素养测试与评定或者语数英文化课考试，优秀者升入高校深造 • 进入托幼园所就业，工作的同时进修大专、本科

2. 高职学前教育专业学生就业及升学路径

高职学前教育专业学生就业及升学路径

就业岗位	从业资格证书	升学路径
托幼园所教师	幼儿教师资格证	• 通过专升本考试，升入本科院校深造（具体根据当年本科院校招生政策） • 进入托幼园所就业，边工作边进修本科
托幼园所保健老师	保健员上岗证	
早教机构育婴员	育婴员相关职业证书	

3. 本科学前教育专业学生就业及升学路径

本科学前教育专业学生就业及升学路径

就业岗位	从业资格证书	升学路径
托幼园所教师	幼儿教师资格证	• 通过研究生考试，升入其他高校深造 • 进入托幼园所就业，边工作边进修硕士
早教机构育婴员	育婴员相关职业证书	

案例呈现

一路追梦，一路成长

　　成为一名幼教工作者是我从儿时就有的梦想。还记得十几年前，即将从学校毕业的我，有了去幼儿园实习的机会，兴奋而又异常珍惜。实习期间，我热爱班里的每一名幼儿，踏实肯干、勤奋好学，并虚心向有经验的保育老师和带班老师请教。我努力将在学校所学的知识灵活地应用到实际的工作中，保质保量地完成了各项任务。凭借优异的学习成绩和良好的实习表现，我光荣地成了幼儿园的一名保育员。

　　与幼儿教师一样，保育员也是幼儿重要的启蒙教师。保育员不仅要全面、细致地照顾幼儿的一日生活，更要配合带班教师帮助幼儿养成良好的行为习惯和生活卫生习惯，培养幼儿的独立生活能力和自信心，为他们一生的发展奠定良好的基础。为了能够保教结合地做好各项保育工作，我始终能够样样事情认真做、从头学。我学习怎样照顾幼儿的一日生活，学习怎样观察幼儿的行为，学习如何满足幼儿的需求。通过自己的努力和带班老师的帮助，我渐渐地熟悉保育工作，并能得心应手、游刃有余地完成自己的工作。

　　我深知学习是个人专业成长的加油站，唯有不断地学习才能为自己"充电"和"蓄能"。除了在工作中获得实践经验和积累知识，我还通过职后培训不断提升自己。我考取了学前教育本科，并通过职业培训获得了高级保育员、高级育婴员和幼儿园教师资格。职后的学习为我的工作注入了更多的能量，使我的理论水平和实践能力都得到了进一步的提升。

　　随着我园的不断发展，幼儿园成立了保育教研组，我有幸被任命为教研组长。当时还年纪不大的我，要带领十几个比我工作经验丰富、资历比我深的保育员一起开展教学和保育研究，对我来说是极大的挑战。在困难面前我没有退缩，凭着坚韧不拔的精神迎难而上。我向书本学，向其他教研组长学，向分管保育的领导学习。正是这股做中学、学中做的劲头让我不断丰富自己，提高各方面的能力。我先后组织大家编写了《园本保育工作手册》《保育小锦囊》《保育金点子》等文册，为我园新进保育员的日常工作提供了宝贵的参考。我的保育研究实践成果也被发表在学前核心期刊中，此外，我先后多次受邀赴海外及偏远城市进行幼儿教育学术研讨。

　　经过十多年的保育实践和管理工作，我转岗成为专门负责保育工作的保健员，也是名副其实的保育专家。

　　回顾自己一路成长的历程，我感恩幼儿园的培养，感谢自己的努力，感怀同事的帮助。我立志要把这种感恩传递下去。因而，我为外来务工子弟幼儿园的教师进行培训，担任了本街道和社区的教育讲师，参加了社区服务中的育儿指导活动。我用自己的所学所思帮助了更多从事幼儿教育工作的同行。我深信投身公益事业回报社会是实现自我价值的最佳方式。

　　保育员工作是平凡的。但只要我们真正热爱自己的职业，内心就会产生强大的动力和满满的幸福感。我始终坚信心有多大，舞台就有多大。我愿意在平凡之中追求不平凡，从中收获美好和感动！我将继续紧紧把握生命轮回的航舵，把自己的青春奉献给伟大的幼儿保育事业，用专业托起祖国花朵的明天。

（中国福利会托儿所保育教研组长 张懿）

探索 2 | 尝试设计职业生涯规划书

根据自身情况，设计一份职业生涯规划书。

职业生涯规划书

我的终期目标是什么 （未来想从事的职业或岗位）	
我需要具备哪些技能才能达成目标	
我需要的教育准备有哪些	
我需要培养的兴趣有哪些	
我在个性上需要尝试的改变是什么 （与专业素养要求的差距）	
我需要具备哪些职业能力	
我的哪些职业能力是欠缺的 （与专业要求对比的差距）	
我的短期规划是什么	

学习支持 2

★ 制定职业发展规划的步骤

同学们三年后就要走出校园，走进社会。面对社会的复杂环境，到底该如何选择职业、如何在本职业中取得好的发展，每个人都应该好好思考一下。

▲ 立志是人生的起跑点

1. 确定志向

俗话说："志不立，天下无可成之事"。纵观古今中外，各行各业的佼佼者都有一个共同的特点，就是具有明确的奋斗目标和志向。立志是人生的起跑点，反映着一个人的理想、胸怀、情趣和价值观，影响着一个人的奋斗目标及成就。所以，在进行职业生涯设计时，首先要确立志向，这是进行职业发展规划的基础，也是职业生涯设计最重要的一点。

2. 自我评估

自我评估就是对自己做全面分析，通过自我分析认识自己、了解自己、明白自己的长处和短处。只有正确认识自己，才能正确选择适合自己的职业，才能正确规划适合自己发展的生涯路线，才能对自己的职业生涯目标做出最佳抉择。因此，自我评估是职业发展规划的重要步骤之一。自我评估通常包括自己的兴趣、特长、性格、学识、技能、智商、情商以及组织管理、协调等能力。

3. 环境评估

环境评估主要分析的是内外因素对自己职业发展的影响。每一个人都处在一定的环境之中，离开了这个环境，便无法生存与发展。所以，在制定个人的职业发展规划时，要分析个人所处环境条件的特点、环境的发展变化情况、自己与环境的关系、自己在这个环境中的地位、环境对自己提出的要求以及环境对自己的有利条件与不利条件等。只有对这些环境因素充分了解，才能做到在复杂的环境中趋利避害，使职业发展规划具有实际意义。环境因素评估主要包括：组织环境、政治环境、社会环境、经济环境。

4. 职业选择

通过自我评估、环境评估，认识自己、分析环境，在此基础上对自己的职业做出选择。也就是在职业选择时，既要充分考虑到自身的特点，即自己的性格、兴趣和特长，也要充分考虑到环境因素对自己的影响。分析自我即了解自己，分析环境即了解职业世界，使自己的性格、兴趣、特长与职业需求相吻合。

5. 路线选择

在选择职业后，还须考虑发展路线。比如是选择向行政方面发展，还是选择走专业技术路线，或是向业务方面发展。发展路线不同，对个人要求也就不同，这一点也不能忽视。因为即使是同一职业，也有不同的岗位，有的人适合做行政，可在管理方面大显身手，成为一名卓越的管理人才；有的人适合做研究，可在某一领域有所突破，成为一名著名的专家学者。

6. 目标设定

职业发展目标的设定是以自己的最佳才能、最优性格、最大兴趣、最有利的环境等条件为依据的。通常目标分短期目标、中期目标、长期目标和人生目标。确定好了目标，剩下的就是朝着目标不断努力。

知识链接

行业专家给学生的学习建议

1. 有终身学习的态度

要想成长进步，就要不断学习，无论是各类保育工具书、教育名家的著作、最新的教育期刊、主流媒体的教育报道，还是国内外学前教育专家的最新教育理念都是最好的学习养料。只有与时俱进、终身学习的学习态度，才能帮助我们学习更多的教学理念，掌握先进的教学技术和手段。

2. 有一双善于发现的眼睛

我们要善于发现和学习别人的优点。工作岗位上的每一位前辈和伙伴，都有许多闪光点和优秀经验值得我们去学习。

3. 有一个会思考的大脑

理论与实践的完美结合才能使我们更好地工作。我们要在实践中思考，在实践中学习，在实践中成长。

4. 不断提升自我修养

幼教工作者不仅要有责任心、爱心、耐心和细心，同时也应具备良好的自我修养。我们要学会尊重、包容、善待他人，始终保持积极向上的心态。

 过关练习

在线练习

1. 单选题

（1）以下说法正确的是(   )。

　　A. 职业生涯的成功与否直接影响到人生价值能否得到充分体现

B. 确定志向是职业生涯规划的基础

C. 正确认识自己，有助于规划适合自己职业生涯发展的路线

D. 以上都是

（2）制定职业发展规划的一般顺序是（　　）。

A. 确定志向—自我评估—环境评估—职业选择—路线选择—目标设定

B. 职业选择—确定志向—自我评估—环境评估—路线选择—目标设定

C. 路线选择—目标设定—确定志向—自我评估—环境评估—职业选择

D. 自我评估—环境评估—职业选择—确定志向—路线选择—目标设定

（3）以下对保教人员专业发展阶段的排列正确的是（　　）。

A. 准备阶段—适应阶段—胜任阶段—熟练阶段—专家阶段

B. 准备阶段—适应阶段—熟练阶段—胜任阶段—专家阶段

C. 准备阶段—胜任阶段—适应阶段—熟练阶段—专家阶段

D. 准备阶段—熟练阶段—胜任阶段—适应阶段—专家阶段

（4）以下属于保教人员专业发展影响因素的是（　　）。

A. 个人生活背景、已有的教育观念、专业发展态度和动机

B. 学校的文化导向、学校内部的支持力度

C. 促进保教人员专业发展的活动

D. 以上都是

2. 论述题

依据托幼机构保教人员专业发展阶段和行业专家的学习建议，再结合自己的生涯规划路径，谈一谈自己的短期目标及短期学习计划。

....

....

....

....

....

....

....

....